KB070815

작은 거인들에게 보내는

러브레터

남궁준 지음

청어 도서출판

작은 거인들에게 보내는 러브레터

남궁준 지음

발행처 · 도서출판 청어
발행인 · 이영철
영 업 · 이동호
홍 보 · 최윤영
기 획 · 천성래 | 이용희 | 김홍순
편 집 · 방세화 | 이서윤
디자인 · 김바라 | 서경아
제작부장 · 공병한
인 쇄 · 두리터

등 록 · 1999년 5월 3일(제22-1541호)

1판 1쇄 인쇄 · 2014년 4월 1일
1판 1쇄 발행 · 2014년 4월 10일

주소 · 서울시 서초구 효령로55길 45-8
대표전화 · 586-0477
팩시밀리 · 586-0478

홈페이지 · www.chungeobook.com
E-mail · ppi20@hanmail.net
ISBN · 979-11-85482-22-4 (03190)

이 책의 저작권은 저자와 도서출판 청어에 있습니다.
무단 전재 및 복제를 금합니다.

이 도서의 국립중앙도서관 출판시도서목록(CIP)은 서지정보유통지원시스템 홈페이지
(http://seoji.nl.go.kr)와 국가자료공동목록시스템(http://www.nl.go.kr/kolisnet)에서
이용하실 수 있습니다.(CIP제어번호: CIP2014009681)

작은 거인들에게 보내는

러브레터

근본(根本)이 없는 책가방은 무의미하다

한 아이가 있었습니다. 불우한 아이였습니다. 학교에 나오는 것도 멋대로 빼먹는 아이였습니다. 한번은 타일러보려고 교무실에 불렀습니다. 학교에 나오지 않은 이유를 물었더니 뻔한 거짓말만 늘어놓았습니다.

터놓고 얘기해보려고 솔직하게 양심적으로 사유를 얘기해보라고 했더니 대뜸 하는 말이,

"선생님, '양심'이 뭔데요?"

"양심? 양심이 양심이지 뭐기는⋯⋯."

말문이 턱 막혔습니다. 어물거리다 간신히 순간을 넘겼지만, 돌려보낼 수밖에 도리가 없었습니다. 당황했습니다. 부끄러웠습니다.

이십여 년을 교단에 있었지만 내가 무엇을 가르쳤을까? 헛가르침뿐이었습니다. 꼭 가르쳐야 할 것은 가르치지 않았습니다. 그대로 두면 어떻게 되겠지 방치했을 것입니다. 내가 아니어도 누가 가르치겠지 방관했을지도 모릅니다. 아니 피했을지도 모릅니다. 가르치는 것이 두려웠을 것입니다. 그 아이의 조롱과 분노에 찬 반항은 분명 가벼운 것이 아니었습니다. 중대한 것이었습니다.

양심? 도대체 어떻게 가르쳐야 할까요. 양심은 무엇이고, 왜 양심적이야 하고, 어디까지가 양심인지…… 양심은 심오하고 복잡하고 까다롭습니다. 가르치는 것이 두려워서 피했다는 말이 맞을 것입니다. 가르칠 수가 없어서 포기했다는 말이 더 맞을 것입니다. 삐뚤어지고 엇나가고 제멋대로인 아이들을 어떻게 나무랄 수가 있겠습니까. 가르치지 않았는데 누구를 탓할 수가 있겠습니까. 아이들을 탓할 수는 없습니다. 어릴 적부터 아이들에게 근본을 제대로 가르치지 않은 어른들의 탓이라 아니 할 수가 없을 것입니다.

누군가는 근본을 가르쳐야 할 것입니다. 근본을 누가 가르치겠습니까. 물론 시작은 부모가 가르쳐야 할 것이나, 부모가 가르치는 것은 한계가 있습니다. 부모의 책무가 적다고 할 수는 없겠지만, 부모는 아이들의 태도를 보고 지적하는 수준에 그치기 쉽습니다. 교사가 가르쳐야 할 것입니다. 가르쳐야 하는 사람이 가르치지 않으면 누가 가르치겠습니까.

물론 교사가 근본을 가르치고 깨우쳐주는 일은 쉽지가 않습니다. 교사가 근본을 꿰뚫을만한 철학자도, 명상가도, 종교인도 아니기 때문입니다. 하지만 자라나는 아이들을 근본 없이 내버려둘 수는 없지 않겠습니까. 누군가가 해야 한다면 누군가는 교사일 수밖에 없지 않겠습니까. 우리나라 초·중·고 교사 40여만 명이 가르치지 않으면 우리 아이들을 누가 가르치겠습니까.

근본이 없는 아이들이 적지 않습니다. 근본이 빈약한 아이들도 적지 않습니다. 근본이 없고, 근본이 빈약한 아이들이 제대로 자랄 수 있겠습니까. 이런 아이들이 나이 들어 사회에 나갔을 때 사회가 건강할 수 있겠습니까. 교사의 본분은 가르치는 것입니다. 지식과 지혜를 가르치는 일도 중요하겠지만 근본을 가르치는 것이 앞서야 할 것입니다. 근본을 깨우쳐주는 일이 먼저일 것입니다. 근본이 시작이기 때문입니다. 근본이 없는 아이들은 쉽게 흔들리고 쉽게 휘둘리고 쉽게 주저앉을 수밖에 없습니다. 근본이 없는 아이들이 어찌 뜻을 세울 수 있겠습니까. 설령 뜻을 세운들 세상에 이로울 뜻이겠습니까.

근본이 없는 책가방은 무의미합니다. 공자께서도 "모든 것에 앞서 먼저 큰 근본을 세워야 한다(孔子言先立其大本)."라고 말했습니다. 근본(根本)은 인간의 생각과 행동의 근원적 요체입니다. 쉽게 말하면 근본은 나무의 뿌리라는 뜻입니다. 뿌리 없이 어찌 나무가 자랄 수 있겠습니까. 뿌리가 있어야 흔들려도, 휘둘려도, 주저앉아도 다시 바로 설 수 있지 않겠습니까. 땅 속 뿌리가 눈으로 보이지 않는다고 뿌리를 모른 체 해서야 되겠습니까.

근본은 근본에 대한 본질적인 물음을 통해 깨우쳐진다고 생각합니다. 물음과 맞물리는 경험의 충돌을 통해 일깨울 수 있다고 생각합니다. 끊임없는 물음과 경험의 충돌을 통해 점점 균형을 찾아가는 것이 근본일 것입니다. 축적된 근본이 점점 균형을 이루어 중량감을 갖추게 되면 중량감이 양질의 성장으로 이어질 것입니다.

저는 교사로서 가르쳐야 할 것을 제대로 가르치지 못했습니다. 깊이 반성했습니다. 반성이 책을 쓰게 된 동기이기도 합니다. 교사의 본분으로 돌아가고 싶었습니다. 아이들에게 근본을 일깨우고 싶었습니다. 반성에 그치지 않으려고 작년 한 해 동안 매일 아침마다 우리 반 아이들에게 편지를 써서 보냈습니다. 아이들 중에 누군가 하나는 제 편지를 받고 운명이 바뀔지 모른다는 설렘과 절박함으로 편지를 썼습니다. 소년처럼 순수한 마음으로 썼습니다. 우리 반 아이들을 제 자식이라 여기고 썼습니다. 정말 사력(死力)을 다해서 썼습니다. 아직은 작은 우리 아이들, 제대로 커서 '작은'을 떼고 '거인'으로 성장해 갈 우리 아이들을 그리며 썼습니다.

책은 우리 아이들이 근본에 대한 본질적 물음을 던질 수 있는 양심, 생명, 이상, 운명, 행복, 사랑 등 백 가지의 근본 요소들을 엮은 것입니다. 언어의 경계가 뚜렷이 나뉘는 것은 아니지만 대체적인 개념을 살펴서 모두 6부로 나누어 묶었습니다. 1부는 '가슴에 담을 것'으로 가슴에 새겨둘만한 보다 근본적인 것들을 실었습니다. 2부는 '머리에 담을 것'으로 냉철하게 이성적으로 판단해볼만한 것들을 실었습니다. 3부는 '손에 쥘 것'으로 손에 꼭 쥘 정도로 또렷한 것들을 실었습니다. 4부는 '눈에 담을 것'으로 눈에 담을 정도로 아름다운 것들을 실었습니다. 5부는 '책가방에 담을 것'으로 학교와 직결되는 것들을 실었습니다. 6부는 '도시락에 담을 것과 휴지통에 버릴 것'으로 재미있고 즐거운 것들과 우리 아이들이 지녀서는 안 될 것들을 실었습니다.

감사해야 할 분들이 참으로 많습니다. 우선 편지글에 원문과 사진을 주신 분들께 정말 감사드립니다. 일일이 찾아뵙고 허락을 받아야 마땅하나 그러질 못하고 허락 없이 편지글에 올린 점도 깊이 사과드립니다. 무엇보다 편지를 쓸 수 있게 해줬고, 편지를 받아 읽어준 작년 우리 꽃사슴반 꽃사슴들에게 감사드립니다. 교사로서 봉직하게 해준 군산중앙여자고등학교와 아낌없이 격려해준 여러 선생님들, 책에 삽화를 정성껏 그려준 이슬, 김민정, 허유빈, 서혜미 제자들에게도 깊이 감사드립니다. 글에 애정 어린 손길을 보내주신 정진권 시인과 대전샘머리초등학교 나혜윤 선생님께도 깊이 감사드립니다. 책이 나오기까지 수고를 아끼지 않으신 청어출판사 이영철 대표와 방세화 편집팀장께도 깊은 고마움을 전합니다. 하늘나라에서 사랑하는 아들을 지켜보고 계실 그리운 부모님, 늘 함께 해준 가족들에게도 한없는 고마움을 전하고 싶습니다. 그리고…….

군산중앙여자고등학교 교정에서
남궁준

5부
책가방에
담을 것

1부

가슴에
담을 것

서시(序詩)

죽는 날까지 하늘을 우러러
한 점 부끄럼이 없기를,
잎새에 이는 바람에도
나는 괴로워했다
별을 노래하는 마음으로
모든 죽어가는 것을 사랑해야지
그리고 나한테 주어진 길을 걸어가야겠다

오늘밤에도 별이 바람에 스치운다

– 윤동주의 시집 『하늘과 바람과 별과 시』 중에서

필자의 「서시(序詩)」 필사   윤동주

양심의 정의는 간단하다. 죄를 지으면 찔리는 것이 양심이다. 생체학적으로 밖의 자극으로부터 자연발생적으로 안에서 반응하는 것이 양심이다. 사전에는 '사람으로서 마땅히 가져야 할 바르고 착한 마음'으로 양심을 정의한다.

양심을 그리 간단히 넘길 일이 아니라면 깊은 성찰의 정의를 생각해보자. 간디는 "내가 이 세상에서 인정하는 유일한 독재자는 내 속에 있는 양심이다."라고 말했다. 톨스토이는 "양심은 자신의 재판관이다. 그러므로 양심의 소리에 귀 기울여라."라고 말했다. 칼릴 지브란은 "양심은 누구의 명령 없이 밤중에 찾아와 사람을 깨워 일으켜 제 자신을 물끄러미 들여다보게 하는 것"이라고 말했다.

위 세 가지 양심의 정의를 면밀히 살펴보면 누구도 양심을 동적으로, 확산적으로 정의하지는 않는다. 들여다보는 수준이다. 머뭇거리는 수준이다. 흔들리는 수준에 그친다. 윤동주 시인도 한 점 부끄러움이 없는 것을 양심으로 정의 하나 잎새에 이는 바람에 괴로워한다.

잎새는 바람에 흔들리고 있다. 별을 양심으로 비유했다면, 죽어가는 사람을 사랑할 수는 없을 것이다. 죽어가는 사람을 살리지 않고 그대로 둔 채로, 주어진 길을 가는 것은 양심과 거리가 있다. 종국까지 양심은 바람에 흔들린다.

  윤동주 시인의 흔들리는 양심을 지적하고 싶은 생각은 결코 없다. 일제 강점기의 압제와 핍박에 허약할 수밖에 없었던 지식인의 삶을 이해 못하는 바도 결코 아니다. 조국의 독립을 위해, 28세의 젊은 나이에 후쿠오카 어두운 감옥에서 숨을 거둔 윤동주 시인을 비양심적이라 말할 수 있는 사람은 아무도 없을 것이다.

  다만 양심은 잠깐 머무는 것이 아니라, 잠깐 흔들리는 것이 아니라, 양심은 양심을 찌르는 것을 향해 가는 것이어야 한다는 것이다. 양심은 찔리는 것에 그치지 않고, 찌르는 것과 맞서는 것이어야 한다는 것이다. 그렇지 않은 양심은 공허할 뿐일 것이다. 그렇지 않은 양심은 불감이나 무감각과 다를 바가 없을 것이다.

윤동주의 시집 『하늘과 바람과 별과 시』를 자매학교인 일본 이세학원고교 사라야 토시오 교장선생께 교류 선물로 보낸 적이 있다. 그 분은 한글을 전혀 모르지만, 그래도 이 시집을 꼭 전해 주고 싶었다.

차마 어찌 하지 못하는 사람의 마음

사람이라면 누구나 '차마 어찌 하지 못하는 사람의 마음'
곧 불인인지심(不忍人之心)을 갖고 있다.
측은지심(惻隱之心),
측은한 마음이 없다면 사람이 아니요,
부끄러워하고 미워하는 마음,
곧 수오지심(羞惡之心)이 없어도 사람이 아니다.
측은지심은 인(仁)의 실마리요,
수오지심은 정의(義)의 실마리다.
무릇 사람이라면 모두 '인'과 '정의'의 실마리를 갖췄기에
누구나 그것을 키우고 또 채울 줄을 알게 마련이다.

– 맹자(孟子, BC 372~289): 중국 전국 시대의 철인(哲人). 이름은 가(軻), 자는 자
여(子輿), 자거(子車)이다. 공자(孔子)의 인(仁) 사상을 발전시켜 성선설(性善說)을
주장하였다. 유학의 정통으로 숭상되며, 아성(亞聖)이라 불린다.

차마 어찌 하지 못하는 사람의 마음

인간의 본성으로 인간이 차마 어찌 하지 못하는 마음 즉, 측은지심(惻隱之心)과 수오지심(羞惡之心)은 두 얼굴이다. 두 얼굴은 극명하게 다르다. 감정의 표출이 극명하게 갈린다. 측은지심이 따뜻한 감정이라면, 수오지심은 냉정한 감정이다. 측은지심이 곡선이라면, 수오지심은 직선이다. 측은지심이 칼집이라면, 수오지심은 칼이다. 측은지심이 부처님 마음이라면, 수오지심은 저승사자 마음이다.

두 얼굴은 별개의 마음이다. 한 사람의 마음속에 두 개의 마음이 있는 것이다. 야누스적이다. 선택적이라는 것이다. 마음속에 두 개의 카드가 있는 것과 같다. 어떤 카드를 꺼내느냐의 문제가 있다. 사람은 누군가를 죽도록 미워하다가도 측은해 한다. 측은해 하다가도 불현듯 증오한다. 감정이 늘 교차한다.

측은지심의 카드, '인(仁)'과 수오지심의 카드, '정의(正義)'는 늘 상충하나 늘 상존한다. 두 마음을 감추는 포커페이스는 쉽지가 않다. 차마 어찌 하지 못하는 사람의 마음이므로 밖으로 표출될 수밖에 없다. 어떤 카드를 꺼내야 할지 고민일 수밖에 없다. 다행인 것은 두 카드 '인'과 '정의' 모두 '선'이다. '악'은 아니다. 따라서 어떤 카드를 꺼내든 착한 선택을 하게 되므로 지나치게 머뭇거릴 일은 아니다.

인(仁)과 정의(正義), 두 카드를 분명히 할 필요가 있다. 무엇을 꺼내든, 우리는 인간이고 인간적이어야 한다는 것을 잊지는 말자.

곰소 어시장에서

도마 위에 놓고, 조근조근 산 생선을 포 뜨는 시장 아주머니
표정은 없고 손놀림은 날렵하다
그물에는 순서를 기다리는 생선들로 가득한데

저렇게 파닥거리는 도마 위의 생선처럼
우리도 잠시 파닥거리다 순서대로 가는 걸 텐데
그물 속에 있는 생선은, 저렇듯 희망을 걸고 사는구나

– 필자의 시 「곰소 어시장에서」

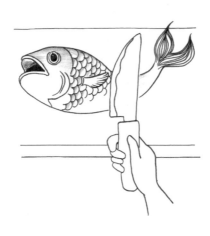

생명은 살아있다는 증거를 지닌다. 생명이 감각을 느끼거나, 움직이거나, 자라거나, 번식을 하는 등의 행태를 보이면 살아있다는 증거이다. 감각을 못 느끼거나, 움직이지 못하거나, 자라지 못하거나, 번식을 하지 못하면 더는 생명이 아니다. 죽은 것이다. 죽으면 생명이 아니다. 생명의 본질은 살아있는 것이다. 살아남는 것이다.

그렇다면 생명의 증거는 어떻게 가능할까. 생명(生命)을 풀어 쓰면, 살라는 명령이다. 물론 명령은 자신이 내린다. 명령을 따르는 자 또한 자신이다. 자신이 스스로 느끼지 않고, 자신이 스스로 움직이지 않고, 자신이 스스로 자라지 않고, 자신이 스스로 번식하지 않으면 생명의 증거는 불가능하다.

물론 하늘의 명령, 즉 천명(天命)으로 생명이 지탱된다는 것을 인정한다. 숨을 끊는 것은 천명이기 때문이다. 하지만 생명은 스스로에게 달려있을 뿐이다. 생명의 주인은 자신 이외에는 아무도 없기 때문이다.

어떻게 사느냐는 생명의 본질과는 거리가 멀다. 생명은 오직 살아있고 살아남는 것만을 위해 사력을 다할 뿐이다. 생명은 생명 이외에 어떤 목적도 갖지 않는다.

생명은 숨이 끊기는 순간까지 생명이다. 생명은 죽는 순간까지 살아있으라는 명령을 내리고 명령을 받는다. 도마 위의 생선은 죽음을 목전에 두고도 멋모르고 날뛰는 것일까? 아닐 것이다.

생선은 도마 위에 있어도 생선이다. 생선은 칼이 내려치는 순간까지도 생선이다. 아직 푸르디푸른 눈빛이 있는 한, 아직 은빛 비늘이 꿈틀대는 한, 아직 비린내가 가시지 않는 한 생선은 생명을 멈추지 않는다. 생선은 생명의 명령에 몸부림을 멈추지 않는다. 생선은 생명의 명령에 발버둥을 멈추지 않는다. 생선은 생명에 대한 본분을 다하는 것이다. 우리는 지금 생명이다.

도마 위에서 파닥거리는 생선의 몸부림, 발버둥…… 그래도 아름답지 않은가.

뜨거운 가슴을 찾아서

청춘은 여행이다.

시인 랭보의 「나의 방랑」이란 시에서처럼, 찢어진 주머니에 두 손을 내리 꽂은 채 그저 길을 떠나가도 좋은 것이다.

여행은 그렇게 마음속에 품는 순간부터 시작된다.

피곤에 지친 몸, 금방이라도 무릎을 꿇고 쓰러져 쉬고 싶겠지만, 우리의 의지는 그걸 용납해서는 안 된다.

때로는 육체의 한계를 극복해 내는 새로운 삶을 향한 갈망이 청춘의 전부가 될 수도 있기 때문이다.

태양을 마주할 용기가 있는 젊은이라면 누구나 뜨거운 가슴을 찾아 헤맬 줄 알아야 한다.

그 길이 돌이킬 수 없는 길이라 할지라도. 심지어 돌아오지 못할 길이라 할지라도.

– 체 게바라(Ernesto Guevara, 1928~1967)

체 게바라

　'청춘이 여행이다' 라고 한다면 청춘은 불편하다. 누추하다. 불안을 넘어 불길하기까지 하다. 여행이 잠깐의 자유를 제하면 불편하고 누추하고 불길하기 때문이다. 청춘이 방황으로 비춰지기도 하는 이유이다.

　하지만 청춘이 방황과 다른 것은 방황이 목적이 없이 떠돌아다니는 것이라면, 청춘은 목적을 찾아가는 것일 것이다. 여행의 목적도 유람 그 자체라면 여행은 한낱 나들이에 불과하듯, 청춘의 목적도 젊은 나이 그 자체라면 한낱 봄바람에 그칠 것이다.

　체 게바라는 의학공부를 마친 23세 때 7개월 동안 오토바이를 타고 라틴 아메리카를 여행한다. 기나긴 여행을 하면서 백인우월주의에 차별받는 인디오들의 모습, 빈곤과 체념의 부조리한 사회, 억압받는 노동자들의 모습 등을 직접 목격하고 혁명을 꿈꾸게 된다. 과거를 접고 '새로운 삶을 향한 갈망' 을 가슴에 담은 것이다. 여행이 머리의 삶이 아니라 가슴의 삶을 열어준 것이다.

　청춘은 목적이 뚜렷하다. 청춘은 뜨거운 가슴을 찾아 떠나는 여행이다. 청춘은 뜨거운 가슴을 찾아 여행을 떠나야 한다.

　　찢어진 주머니에 두 손을 꽂은 채, 태양을 마주하며 길을 떠나는 젊은 청춘들을 그린다.

이름(姓名)
이름

자주 먼지 털고 소중히 닦아서
가슴에 달고 있다가 저승 올 때 가져오라고
어머닌 눈 감으시며 그렇게 당부하셨다

가끔 이름을 보면 어머니를 생각한다
먼지 묻은 이름을 보면 어머니 생각이 난다
새벽에 혼자 일어나 내 이름을 써 보곤 한다

티끌처럼 가벼운 한 생을 상징하는
상처 많은, 때 묻은, 이름의 비애여
천지에
너는 걸려서
거울처럼
나를
비춘다

– 이우걸의 시 「이름」

이름은 고독하다. 강보에 싸여 말똥말똥 눈뜨고 있을 때, 서너 자로 세상에 던져진다. 홀로 덩그러니 남겨진다. 자기 결정권이 없다. 자기의 의지와는 상관없이 결정된다.

이름은 고독하다. 이름은 스스로 부르는 것이 아니다. 남이 불러줬을 때 불린다. 스스로 자신의 이름을 부를 때 고독하지 않은가.

이름이 세상 밖으로 나가면 더욱 고독해진다. 발길 닿는 대로 눈길 닿는 대로 그림자처럼 붙어다니는 것이 이름이다. 이때부터 이름이 시달리기 시작한다. 도처에서 사사건건 부딪치고 깨지고 버려지고 남겨지는 것이 이름이다. 먼지 묻고, 때 묻고, 상처가 나는 것이 이름이다. 이름이 그 녀석, 그 놈, 그 자식, 그 새끼로까지 무참히 훼손된다.

물론 '그 분 이름이 뭐지?', '그 분 성함이 어떻게 되지?' 할 수도 있다. 이렇게 세상과의 대면을 끝내고 돌아서면, 홀로 남는 것이 이름이다. 자신의 이름을 돌봐주는 사람이 없다. 자신뿐이다.

돌봐주는 이가 있다면 오직 부모님뿐이다. 생명에 책임이 있기 때문이다. 이름을 세상에 내놓은 책임이 있기 때문이다. 어머니가 임종을 앞두고 자식에게 말한 당부는 준엄했다.

"이름을 더럽히지 마라."

명령이었다. 유언이었다. 무명이든 유명이든지간에, 오명(汚名)만은 안 된다는 것이다. 이름이, 저승길에 오를 때 가져가는 승차권이기 때문이다. 세상을 어떻게 살았는지 기록된 증표이기 때문이다. 일생 동안 자신과 동행하는 이름, 거울에 자신의 이름을 새길 일이다. 매일 새벽에 일어나 백지 위에 자신의 이름을 써볼 일이다. 이름은 고독하다.

고독한 이름을 위해, 자신의 이름을 걸고 이름값 하자.

성웅 이순신 장군을 일본 영웅에게 듣다

일본국 도고 헤이하치로(東鄕平八郎, 1848~1934) 제독은 러시아 발틱 함대와 일전을 앞두고 이순신 장군의 모든 기록을 읽고 이순신 장군의 모든 전승지를 몇 차례나 직접 답사하였다. 도고는 1905년 5월 27일, 쓰시마 해전이 있던 전날 밤 모든 함대에 신사(神社)를 모시고 무운장구를 비는 제사를 지냈다. 이때 제사를 받은 신(神)은 이순신 장군이었다. 다음 날 도고는 쓰시마 앞 바다에서 이순신 장군의 학익진(鶴翼陣)을 응용한 정자진(丁字陣)을 펴서 병력이 3배가 넘는 로제스트벤스키 제독의 러시아 발틱 함대를 궤멸시켰다.

쓰시마 해전의 승리로 도고 헤이하치로는 일약 세계적인 해군 제독으로 명성을 높였고, 일본의 10대 영웅 중 한 사람이 되었다. 일왕은 승전 기념식에서 "도고 제독은 영국의 넬슨 제독이나 조선의 이순신 장군에 버금가는 위대한 해군 제독이다."라고 칭찬하였다. 이때 도고 제독은 무척 당황스러워하며 "폐하, 저를 영국의 넬슨 제독에 비하신다면 받아들일 수 있습니다만, 이순신 장군과 비교하는 것은 감히 받아들일 수 없습니다. 이순신 장군은 36회의 크고 작은 해전에서 단 한 번도 패한 적이 없는 바다의 신이며 전쟁의 신이며 군신(軍神)입니다."라고 하였다. 도고는 그 이유를 다음과 같이 말하였다.

"첫째, 영국의 넬슨이나 저는 국가에서 만들어 준 전함을 가지고 전장에 나가 이겼으나, 이순신 장군은 국가의 지원은커녕 각종 모함과 질시 속에서 스스로 거북선과 같은 전함을 만들어 전투에 이겼습니다.

둘째, 영국의 넬슨이나 저는 국가에서 훈련시킨 수병을 데리고 나가 전투에 이겼으나, 이순신 장군은 스스로 수병을 조련하여 전투에 이겼습니다.

셋째, 영국 넬슨과 저는 국가가 보급한 각종 화기와 장비를 사용하여 전투에 이겼으나, 이순신 장군은 국가의 의심어린 감시 속에서 각종 화기를 스스로 제작하여 전투에 나가 이겼습니다.

넷째, 영국의 넬슨은 25척으로 스페인 무적함대 30척을 격파하였습니다. 저는 아군보다 3배가 많은 러시아 발틱 함대를 격파하였습니다. 그런데 이순신 장군은 12척의 배로 무려 30배가 넘는 300여 척의 적을 격파하였습니다.

이순신 장군은 36회의 크고 작은 해전에서 완벽히 승리하였습니다. 그러므로 영국의 넬슨에 비하는 것은 감사히 받겠습니다만, 조선의 이순신 장군에 비하는 것은 감당할 수 없습니다."

– 김종대의 「내게는 아직도 배가 열두 척이 있습니다」에서

성웅 이순신 장군

도고 헤이하치로 제독

넬슨 제독

이순신, 도고 헤이하치로, 넬슨. 세계 해전사에서 추앙받는 세 명의 영웅 제독이다. 도고 제독은, 이순신 장군은 감히 자신과 넬슨과는 감히 비길 수 없다고 고백하며 이순신 장군을 인간이 아닌 신(神)의 반열로 숭상한다. 이순신 장군의 전략, 창의성, 불패 등은 어느 누구도 능가할 수 없는 신의 경지이기에 당연하다 할 것이다.

하지만 도고가 못 보는 아니, 인정하기 싫은 것이 있다. 이순신 장군의 신념이다. 애민(愛民)과 평화(平和)에 대한 장군의 인간적 신념이다. 침략국의 후예가, 침략국의 영웅이 감히 넘볼 수 없는 인간적 신념. 세계 모든 나라에 묻고 싶다. 당신 나라는 이순신 장군 같은 진정한 영웅을 갖고 있는가?

둘로 쪼개진 한민족의 비극에 이순신 장군께서는 얼마나 통곡하고 계실까.

망국(亡國)
이누노코(犬子)

조선총독부는 1939년 11월 제령 제19호로 조선민사령(朝鮮民事令)을 개정하여 1940년 2월부터 이를 시행하기로 했다. 행정기관들과 학교, 전국 2,943개 경찰 주재소가 창씨개명 압박에 나섰다. 당시 한국인의 성은 341개.

전남 곡성의 유건영이라는 사람은 '나라가 망할 때 죽지 못하고 30년 욕당하며 그들의 패륜과 난륜, 귀로써 듣지 못하고 눈으로써 보지 못하겠더니 이제 혈족의 성까지 빼앗으려 한다. 짐승이 돼 살기보다 죽음을 택하겠다'는 유서를 남기고 목숨을 끊었다. 경남 동래의 50대 남자는 성을 '이누노코(犬子, 개새끼)'라고 바꿔 신고했다. 읍장이 왜 이렇게 지었느냐고 묻자 "조선인은 성을 바꾸면 개새끼, 소새끼라고 불리는데 내가 성을 바꿨으니 개새끼가 된 것 아니냐."고 했다. 총독부 앞으로 '天皇族皆殺郎(일왕 가족을 몰살시키려는 사내)', '昭和亡太郎(쇼와 일왕을 멸망시킬 남자)'으로 창씨해도 되느냐고 야유하는 엽서를 보낸 이도 있었다.

그래도 자녀 입학부터 가족 취직, 행정서류 접수까지 온갖 일이 걸려 있으니 응하지 않을 수 없었다. 김(金)은 가네다(金田), 가네무라(金村), 이(李)는 리노이에(李家) 식으로 흔적을 남기거나, 최(崔)는 요시야마(佳山) 식으로 파자(破字) 하는 방법이 등장했다. 자기 성을 최소한이나마 유지하려는 눈물겨운 노력이었다.

육 개월 동안 어쩔 수 없이 창씨개명한 사람이 인구의 80.5%에 이르렀다. 또한 계출기간인 육 개월이 지나도 창씨의 계출을 하지 않으면 호주(戶主)의 성을 일본식 성씨로 인정하도록 하여 결국 조선인은 형식적으로는 모두 창씨를 하도록 되어 있었다.

   — 김태익 논설위원의 '창씨개명(創氏改名)'에서

일제강점기는 정확하게 경술국치일 1910년 8월 29일부터 해방이 된 1945년 8월 15일까지이므로 34년 11개월 17일이다. 창씨개명은 일제강점기 후반에 이루어진 일제의 민족말살정책 중 하나로써 일제가 우리민족에게 저지른 못된 짓 중에서 가장 못된 짓으로 꼽힌다. 조상 대대로 물려받은 이름 대신에 일본식 이름을 지어 쓰도록 강제한 것이다.

이름에는 조상이 있다. 이름에는 전통이 있다. 이름에는 의식이 있다. 이름에는 혼이 있다. 나라를 잃으면 땅을 빼앗기고, 재산을 빼앗기고, 목숨을 빼앗기고, 마지막으로 빼앗기는 것이 혼인 것이다. 창씨개명으로 민족의 혼을 빼앗긴 것이다.

'이누노코(犬子)'는 우리말로 '개새끼'라는 뜻이다. 사람이 아니라 개, 그것도 개의 새끼라는 뜻이다. 인간이 인간의 혼이 없는 '이누노코'가 된 것이다.

일제강점기는 우리 민족에게 '이누노코'만도 못한 치욕스러운 시기였다. '이누노코'를 일개 촌부의 치기(稚氣)로 치부할 수는 결코 없을 것이다. '이누노코'는 당시 나라 잃은 백성의 울분과 절망을 함축하는 망국(亡國)의 언어였던 것이다.

> 망국의 한이 서려 있는 이누노코. 사람들이 태극기를 바라보는 눈빛이나 애국가를 부를 때의 태도를 보면 안타까울 때가 있다.

전쟁을 멈추게 한 축구선수

2006년 코트디부아르가 역사상 최초로 월드컵 본선 티켓을 거머쥐었다. 그날 코트디부아르의 축구 천재 드로그바가 방송국 카메라 앞에 무릎을 꿇었다.

"제발 일주일만이라도 무기를 내려놓고 전쟁을 멈춥시다!"

그 당시 코트디부아르는 장기간의 내전으로 나라꼴이 말이 아니었다. 난민이 무려 70만 명이었다. 그 후 기적 같은 일이 벌어졌다. 그의 말을 받아들여 정부군과 반군의 지도자들이 정말로 한 달 동안 전쟁을 멈추기로 한 것이다.

2007년 드디어 정부군과 반군이 평화협정을 체결했고 5년 동안 계속되던 코트디부아르의 내전이 끝났다. 한 명의 축구선수가 전쟁을 멈추게 한 것이다.

드로그바는 자신의 이름으로 협회를 설립하여 아프리카 지역에 식료품과 의약품을 전하는 일도 하고 있다. 아프리카 아이들에게 꿈을 심어주기 위해 축구용품을 무료로 지원하고, 60억을 기부하여 코트디부아르에 종합병원을 짓기도 했다.

디디에 드로그바. 그는 영국 프리미어리그 첼시의 주전 공격수로 뛰었다. 2006~2007년과 2009~2010년 프리미어리그 득점왕이었다. 드로그바는 이렇게 말한다.

"그동안 수많은 트로피를 받았습니다. 하지만 전쟁을 멈추고 평화를 가져온 순간이야말로 가장 영광스러운 트로피라 생각합니다."

흔히 축구를 전쟁에 비유한다. 하지만 드로그바는 축구로 전쟁을 멈췄다. 드로그바가 영웅인 것은 축구 천재이기 때문만은 아니다. 분열된 조국을 하나로 합쳤기 때문에 그를 영웅이라 부르는 것이다.

– 영국 데일리텔레그래프 신문 기사에서

한국전쟁이 정전(停戰)된 지 60
여 년이 흘렀다. 정전이 일시적으
로 전투를 중단하는 것이라면, 정
전은 다른 합당한 말로 손질하는
것이 나을 것 같다. 통일신라가 분
열된 후, 후삼국시대(892~936)도
44년을 넘기지 않았다. 60여 년
은 망각의 세월이었던 것일까.

코트디부아르 축구선수 드로그바

한반도는 정확히 둘로 분단되어 있다. 밖에서는 두 개의 나라로 여긴다.
이쪽은 남쪽이고, 저쪽은 북쪽이다. 이쪽은 대한민국이고, 저쪽은 조선민
주주의인민공화국이다. 이쪽은 민주주의이고, 저쪽은 공산주의이다. 이쪽
은 대국 미국과 혈맹이고, 저쪽은 대국 중국과 혈맹이다.

분단의 조건이 참으로 알차다. 한국전쟁 3년 동안 전 국토가 폐허가 되
고 사상자가 500만 명이나 되었어도 분단의 조건은 더욱 늘어만 간다. 우
리만 모르고 있는 것일까. 한쪽 발을 잃은 외발이가 의족을 끼고 사는데 멀
쩡하다는 것이다.

한민족은 참으로 순한 백성들이다. 순하기 때문에 악을 쉽게 잊을 수 있
겠지만, 순한 것으로 악을 덮을 수는 없는 것이다. 순한 것이 남들에게 쉽게
보이도록 한다면, 순한 것을 남이 쉽게 악용하려 한다면 더는 순할 수 없는
것이다. 분단은 민족 앞에 죄악이다. 따라서 통일은 당위가 되는 것이다.

밖에서 한반도는 일촉즉발의 내전 상황이다. 우리만 모르고 있을지 모른
다. 축구공 하나로 코트디부아르의 내전을 종식시키고 평화를 일궈낸 영웅
드로그바. 우리에게 축구공은 넘쳐나지만, 지금 우리에게 드로그바가 없다.

드로그바 같은 영웅, 지금은 없지만 앞으로는 있을 것이다. 우리 민족은 축
구를 사랑하니까.

칭기즈칸 어록

집안이 나쁘다고 탓하지 마라. 나는 아홉 살 때 아버지를 잃고 마을에서 쫓겨났다.

가난하다고 말하지 마라. 나는 들쥐를 잡아먹으며 연명했고, 목숨을 건 전쟁이 내 직업이었고 내 일이었다.

작은 나라에서 태어났다고 말하지 마라. 그림자 말고는 친구도 없고, 병사로만 10만 명, 백성은 어린애, 노인까지 합쳐 200만 명도 되지 않았다.

배운 게 없다고 힘이 없다고 탓하지 마라. 나는 내 이름도 쓸 줄 몰랐으나, 남의 말에 귀 기울이면서 현명해지는 법을 배웠다.

너무 막막하다고, 그래서 포기해야겠다고 말하지 마라. 나는 목에 칼을 쓰고도 탈출했고, 뺨에 화살을 맞고 죽었다 살아나기도 했다. 적은 밖에 있는 것이 아니라 내 안에 있었다.

나는 내게 거추장스러운 것은 깡그리 쓸어 버렸다. 나를 극복하는 그 순간 나는 칭기즈칸이 되었다.

칭기즈칸

13세기 몽골제국 영토

　13세기 몽골의 유목 부족을 통일하고, 중국과 중앙아시아, 동유럽 일대를 정복하여 인류 역사상 가장 넓은 대제국을 건설한 칭기즈칸. 영웅은 타고나는 것일까, 만들어지는 것일까.

　고난과 역경을 극복한 사람이 모두 영웅이 되는 것은 아니다. 부모 없이 가난하게 태어난 사람이 평생 가난하게 사는 경우는 부지기수다. 작은 나라에 태어난 사람이 평생 작은 나라에 사는 경우도 부지기수다. 배운 것이 없는 사람이 평생 배운 게 없이 사는 경우도 부지기수다. 죽을 고비를 수없이 넘긴 사람이 그럭저럭 평생 사는 경우도 부지기수다. 자연법칙을 따르기 때문이다.

　가난하게 태어나서 가난하게 사는 것은 자연스러운 이치다. 작은 나라에 태어나서 작은 나라에 사는 것은 자연스러운 이치다. 배운 것이 없는 사람이 배운 것이 없이 사는 것은 자연스러운 이치다. 죽을 고비를 수없이 넘긴 사람이 죽지 않고 사는 것만도 더 없이 자연스러운 이치다.

　그렇다면 영웅도 자연법칙을 따르는 것일까. 영웅은 자연법칙을 따르지 않는다. 원인은 있으나 결과가 다르기 때문이다. 칭기즈칸은 부모 없이 가난하게 태어났지만 대제국의 전 재산을 거머쥐었다. 칭기즈칸은 작은 나라에서 태어났지만 대제국을 이뤘다. 칭기즈칸은 배운 것이 없는 일자무식이었지만 대제국의 수재(秀才)들을 부렸다. 칭기즈칸은 죽을 고비를 수없이 겪었지만 죽지 않고 대제국을 건설했다.

　영웅은 자연법칙이 통하지 않는다. 무엇일까. 뭇사람에게는 없는 무엇이, 영웅에게만 있는 것일까. 칭기즈칸에게 최악의 조건들을 극복하게 만든 것이 답일 것이다.

　그것은 남다른 꿈의 크기가 아닐까. 칭기즈칸의 꿈은 대제국이었다. 칭기즈칸이 대제국을 건설하기 전에 맞은 고난과 역경은 그저 바다에 던져진 잔돌에 불과했을지도 모른다.

　고난과 역경은, 꿈의 크기만큼 이겨낸다. 꿈의 크기가 고난과 역경을 지배한다. 칭기즈칸은 자신의 꿈의 크기만큼 세계를 지배했을 뿐이다. 영웅은 타고나는 것이 아니다. 영웅은, 꿈의 크기만큼만 영웅으로 만들어지는 것이다.

꿈은 꿈의 크기만큼만 자란다. 지금 여러분의 꿈의 크기를 한번 재어 보라.

하늘이 장차 그 사람에게 큰 사명을 주려 할 때

　하늘이 장차 이 사람에게 큰일을 맡기려 할 때는, 반드시 먼저 그 마음과 뜻을 괴롭히고, 뼈마디가 꺾어지는 고난을 당하게 하며, 몸을 굶주리게 하고, 생활은 빈궁에 빠뜨려 하는 일마다 어지럽게 한다.

　그 이유는 그의 마음을 두들겨 참을성을 길러주어 지금까지 할 수 없었던 어떤 사명도 감당할 수 있게 하기 위함이니라.

　天將降大任於斯人也, 必先勞其心志, 苦其筋骨, 餓其體膚, 窮乏其身行, 拂亂其所爲, 是故動心忍性, 增益其所不能.
　(천장강대임어사인야, 필선노기심지, 고기근골, 아기체부, 궁핍기신행, 불란기소위, 시고동심인성, 증익기소불능)

　– 맹자의 「고자장(告子章)」

하늘은 사명을 받들 자에게 잔인하다. 혹독한 시험을 치르게 한다. 최악의 상황으로 이끈다. 생각을 망가트린다. 고뇌할 수 있는가를 가늠하는 것이다. 고뇌할 수 있는 자가 아니면 하늘의 사명을 받들 수 없기 때문이다. 몸을 망가트린다. 일어설 수 있는가를 가늠하는 것이다. 셀 수 없을 만큼 쓰러져도 다시 일어 설 수 있는 자가 아니면 하늘의 사명을 받들 수 없기 때문이다. 굶주리게 한다. 선할 수 있는가를 가늠하는 것이다. 풀뿌리로 연명해도 한결같이 선을 추구하는 자가 아니면 하늘의 사명을 받들 수 없기 때문이다.

하늘은 사명을 받들 자를 혹독한 '인내'로 단련시킨다. 사명은 아무나 감당할 수 없기 때문이다. 사명을 아무나에게 감당하게 해서는 안 되기 때문이다.

세상에는 다수를 움직이는 소수가 있다. 소수가 세상을 움직인다. 하늘은 다수를 믿고 맡길 수 있는 소수를 필요로 할 것이다. '인내'는 '고통'이 아니라 '기회'인 것이다.

> 인내가, 하늘이 사명을 예약하는 신호라니 기쁘지 아니한가. 인내가 쓰지 않고 얼마든지 달 수 있다는 것이다.

유자음(遊子吟)
– 길 떠나는 아들의 노래

慈母手中線(자모수중선) 인자하신 어머니 손에 실을 드시고
游子身上衣(유자신상의) 떠나는 아들의 옷을 짓는다
臨行密密縫(임행밀밀봉) 먼 길에 해질까 촘촘히 기우시며
意恐遲遲歸(의공지지귀) 돌아옴이 늦어질까 걱정이시네
誰言寸草心(수언촌초심) 한 마디 풀 같은 아들의 마음으로
報得三春暉(보득삼춘휘) 봄볕 같은 사랑을 어이 갚으랴

– 맹교(孟郊)의 시 「遊子吟」

맹교(751~814): 중국 당(唐) 중기 시인. 45세에 진사(進士)시험에 급제해 율양
(溧陽)의 위(尉)가 되었으나 사직했다. 오언고시(五言古詩)에 뛰어나고 기발한
착상이 특징이며, 처량한 시풍 때문에 '도한교수(島寒郊瘦)'라고 평해진다. 시
문집으로 『맹동야집(孟東野集)』 등이 있다.

모정은 어떤 논리로도 이길 수가 없다. 모정은 어머니 안에 배여 있지만 어머니 본인도 모른다. 모정의 깊이와 넓이는 헤아릴 수가 없기 때문이다. 다만, 모정은 저절로 흐르되 향하는 곳이 분명하다. 좌표가 정확하다. 자식에 꽂힌다.

모정은 끊어지지 않는다. 꺾이지도 않는다. 휘지도 않는다. 정(情)이 점(點)으로, 점이 선(線)으로 이어져 자식에게 꽂힌다. 「유자음(遊子吟)」은 맹교가 과거를 보러 장안에 가면서 어머니를 생각하면서 쓴 시이다.

네 번 연속 과거에 낙방하고 다섯 번째, 그것도 마흔 다섯의 나이에 과거를 보러 가는 아들을 떠나보내는 어머니의 심정은 어떠했을까. 풀 한 가닥 같은 아들의 짧은 마음은 옷이 해지는 것까지는 헤아릴 것이다. 어머니는 아들이 낙방하고 낙심하여 안돌아올 수도 있다는 것까지 염려했을 것이다.

어머니의 바느질은 밀봉이었다. 바느질 한 땀 한 땀에 공간을 허용하지 않았다. 아들이 무시당할 수도 있는데, 어머니가 옷맵시를 생각하지 않았을까. 옷이 이불이 될지도 모른다고 생각했을 것이다. 옷이 갑옷이 될지도 모른다고 생각했을 것이다. 모정은 어떤 틈도 허용하지 않았다.

모정이 통했을까. 맹교는 급제 후에 득의시에서 '봄바람에 뜻을 얻어 말을 세차게 모니, 하룻밤에 장안의 꽃을 다 보았네' 라 했다. 모정에 휩싸여 신나게 달리는 말발굽 소리가 들리지 않는가.

모정은 결코 어떤 빈틈도 허용하지 않는 광선(光線)이다. 모정의 광선이 자식과 맞닿으면 자식은 춤을 춘다. 위대해진다. 그렇게 세상의 절반은 위대해질 수 있는 것이다.

위대한 모정은, 나머지 절반까지 위대하게 만들 수 있을 것이다.

아버지(父)

아버지는 누구인가

아버지는 기분 좋을 때 헛기침을 하고, 겁이 날 때 너털웃음을 흘리는 사람이다. 아버지는 자녀들의 학교 성적이 자기가 기대한 만큼 좋지 않을 때, 겉으로는 "괜찮아, 괜찮아." 하면서도 속으로는 몹시 화가 나 있는 사람이다.

아버지의 마음은 검은색 유리로 되어 있다. 그래서 잘 깨지기도 하지만, 속이 잘 보이지 않는다. 아버지는 울 장소가 없어서 슬픈 사람이다.

아버지가 아침마다 서둘러 나가는 곳은 즐거운 일만 기다리고 있는 곳이 아니다. 아버지는 머리가 셋 달린 용(龍)과 싸우러 나간다. 피로와, 끝없는 업무와, 스트레스……

아버지는 날마다 '내가 아버지 노릇을 제대로 하고 있나?' 하고 자책하는 사람이다. 아들, 딸이 밤늦게 귀가할 때 어머니는 열 번 염려하는 말을 하지만, 아버지는 열 번 넘게 현관을 쳐다본다.

아버지의 웃음은 어머니 웃음의 두 배쯤 농도가 진하다. 울음은 열 배쯤 될 것이다. 어머니의 가슴은 봄과 여름을 왔다 갔다 하지만, 아버지의 가슴은 가을과 겨울을 오간다.

아버지는 집에서 어른인 체를 해야 하지만, 친한 친구를 만나면 소년이 된다. 아버지는 자식들 앞에서는 기도를 안 하지만, 혼자 차를 운전하면서는 큰 소리로 기도도 하고 주문을 외기도 하는 사람이다.

두고두고 그 말씀이 생각나는 사람이다. 아버지란 돌아가신 후에야 보고 싶은 사람이다. 아버지! 뒷동산의 큰 바위 같은 이름이다. 시골마을의 느티나무 같은 크나큰 이름이다.

— 좋은 글 '아버지가 마시는 술잔엔 눈물이 반이다' 중에서

한자로 아버지 부(父)는 '손에 회초리를 들다' 라는 뜻이다. 아버지는 자식들만이 불러주는 이름이므로, 회초리는 자식에게만 들 수 있는 것이다. 가장(家長)으로서 아버지는 자식들의 잘못에 대부분 회초리를 들다가 만다. 이러지도 못하고, 저러지도 못한다. 오락가락이다. 아버지는 어중간하다. 약하지도 않고, 강하지도 않다. 잘 하는 것도 아니고, 잘 못하는 것도 아니다. 보이는 것도 아니고, 안 보이는 것도 아니다. 웃는 것도 아니고, 우는 것도 아니다. 안에 있는 것도 아니고, 밖에 있는 것도 아니다. 아버지는 늘 어설프다. 아버지는 늘 허술하다.

아버지는 왜 그런 존재가 되는 것일까. 아버지는 자식에게 생명의 근원이다. 자신의 몸 안에서 빠져나온 자식이 세상 밖으로 덜렁 나와 있는 것이다. 생명의 근원과 세상의 경계에서 어쩔 줄 몰라 하는 아버지. 자식을 자신의 몸 안에 다시 넣을 수도 없고, 세상 밖으로 뎅그렁 내놓을 수밖에 없는 아버지. 살아본 세상이 어떠한지 누구보다 잘 아는 아버지는 자식에게 할 수 있는 것이라곤 그저 가슴앓이 뿐이라는 것을 아버지만 알고 있는 것이다.

아버지가 주는 분명한 것은 오직 하나, 아버지 없이 태어난 자식은 없다는 것.

서포 김만중의 효 이야기

『구운몽』, 『사씨남정기』 등 우리 국문학사에 있어서 빛나는 작품을 남긴 서포 김만중의 어머니 윤씨 부인은, 남편과 일찍 사별하고 혼자 힘으로 자녀를 키운 분이다. 김만중의 아버지 김 충정공은 명문가인 광산 김씨로, 조선조 인조 15년 청나라 군사들에 의해 강화도가 함락 당할 때 순절한 사람인데, 김만중은 그의 유복자로 태어났다.

윤씨 부인은 남편을 여읜 뒤로 일생 동안 소복만 입고 살았으며, 잔치나 즐거운 모임에는 일절 발을 들이지 않았다. 그녀는 한학과 경서에 뛰어나 아들들에게 직접 한학을 가르쳤으며, 그녀 자신도 항상 책읽기를 즐기고 글 솜씨도 뛰어났다.

윤씨 부인은 자식들에게 책 한 권이라도 더 사주기 위하여 밤낮없이 베틀에 앉아 베를 짜야만 했다. 자식들이 공부를 게을리하거나 조금이라도 나쁜 짓을 했을 때는 여지없이 매를 들곤 했다. 이런 지극한 정성과 희생적인 삶은 아버지가 없는 결손 가정임에도 불구하고 자식들을 훌륭하게 키웠다.

만중은 뛰어난 학식과 글 솜씨로 병조판서까지 오른다. 하지만 숙종 14년 숙종이 후궁 장희빈에게 빠져 정사를 그르치는 것에 대해 직간한 것이 죄가 되어 남해 외딴 섬으로 귀양을 가게 되었다.

귀양 가는 아들 앞에서 어머니 윤씨 부인은 얼마나 가슴이 아팠으랴. 그러나 오히려 윤씨 부인은 귀양 가는 아들에게 슬픔을 보이기는커녕 나라를 위해 죽음도 두려워하지 말라는 당부를 하였다.

귀양 생활 중에 김만중은 혼자 쓸쓸히 계실 어머니를 위하여 『구운몽』을 지었고, 어머니가 돌아가시자 『윤씨행장기』를 지어 어머니에 대한 그리운 마음을 달랬다.

– 배영기의 『삼강오륜』 중에서

눈물은 눈물샘이 자극을 받았을 때 밖으로 흘러나온다. 슬픈 일이 닥치면 슬퍼 눈물이 난다. 기쁜 일이 생기면 기뻐 눈물이 난다. 한 맺힌 일을 당하면 피눈물도 난다. 자극에 대한 반응이 눈물로 표출되는 것이다.

하지만 자극이 없이도 하염없이 나오는 눈물이 있다. 자식을 생각하면 나오는 부모의 눈물이 그러하고, 부모를 생각하면 나오는 자식의 눈물이 그러하다. 마치 눈물주머니가 조금씩 조금씩 풀리듯 말이다.

물론 순차는 있다. 당연히 부모의 눈물이 먼저다. 부모는 자식을 키우며 속이 썩는 대로, 손발이 닳는 대로, 몸이 망가지는 대로 눈물이 쌓인다. 문득문득 자식을 떠올리며 혼자서 흘리는 눈물이 쌓아 둔 눈물일 것이다. 낳은 죄로 말 못하고, 자식에게 무엇을 해줘도 미치지 못하는 부모의 자식앓이는 눈물이 되어 나온다. 부모만 아는 눈물이다.

자식의 눈물은 시기가 있다. 자식은 자식을 두고서야 진정한 눈물을 흘린다. 이전의 눈물은 그저 자극을 받아 흘리는 눈물과 다르지 않다. 자기 자식을 두고서야 부모를 생각하면 눈물이 난다. 자기 자식을 보고 '내 부모가 그랬겠구나' 하면서 말이다.

효(孝)는 '자식이 부모를 정성으로 섬기는 행위'로 정의된다. 자식이 부모의 은혜에 보답하는 행위를 효라 할 수 있겠다. 하지만 효는 행위로 되갚을 수 있는 것이 아니다. 효는 부모에게 받은 것을 자식에게 주고, 자식은 부모가 되어 다시 그 자식에게 주는 대물림으로 갚을 수 있는 것이기 때문이다.

효는 그저 자식이 부모가 되어 부모의 눈물을 이해하는 것 이상도 이하도 아니다. 부모의 눈물을 이해하는 만큼만 효일 수 있다는 것이다.

서포 김만중이 쓴 『구운몽』은 어머니의 눈물을 얼마나 이해하고 쓴 것일까.

칠보시(七步詩)

– 일곱 걸음에 짓는 시

煮豆然豆其(자두연두기) 콩을 볶는데 콩깍지로 불을 때니
豆在釜中泣(두재부중읍) 콩이 솥 안에서 눈물을 흘리네
本是同根生(본시동근생) 본래 콩과 콩깍지는 한 뿌리에서 나왔건만
相煎何太急(상전하태급) 서로 어찌 이리도 급하게 볶아대는가

– 조식(조조의 셋째아들)의 「煮豆然豆其(자두연두기)」

　형제의 정은 참으로 극단적이다. 달면 한없이 달고, 쓰면 한없이 쓰다. 뜨거우면 한없이 뜨겁고, 차면 한없이 차다. 좋으면 한없이 좋고, 싫으면 한없이 싫다. 마치 잘 살면 같이 잘 살고, 죽으면 같이 죽자는 식이다. 한 부모에서 태어난 형제들이라면, 감정이 한결같아야 하는데 말이다.

　왜 그렇게 형제의 정은 격한 것일까? 그것은 망각에서 비롯된다. 형제들이 부모를 망각하는 것이다. 비유하자면, 나뭇가지가 나무에 붙어 있을 때에는 한결같다. 바람이 불면 한쪽으로 똑같이 흔들린다. 눈이 오면 똑같이 눈을 맞는다. 따뜻하면 똑같이 따뜻하고, 추우면 똑같이 춥다. 뽑히면 똑같이 죽는다.

　하지만 가지가 나무에서 벗어나면 달라진다. 나무에서 독립한 가지는 나무가 되고, 그 나무는 다른 것과 결부된다. 부모로부터 점점 멀어지면서, 형제도 같이 점점 멀어진다. 자연스러울 수도 있지만, 자연스러울 수도 없는 것이 형제의 정이다. 형제가 부모의 분신(分身)임을 부정할 수 없다면 한결같은 감정이어야 할 것이다.

　『삼국지』에 나오는 조조의 아들 조비는 위나라 초대 황제에 오른 후에 평소 눈엣가시처럼 여겨 온 동생 조식에게 "내가 일곱 걸음을 걷는 사이에 시를 한 수 짓지 못하면 중벌로 다스리겠다."라고 하면서 시 짓기를 명령한다. 형제의 정이 깨질 위기를 맞는다.

　「자두연두기」는 조비의 명령에 따라 조식이 지은 시다. 시는 '형제란 콩과 콩깍지와 같은 사이인데, 왜 그렇게 들들 볶아대느냐 라는 뜻을 비유적으로 풀어놓고 있다. 한 부모 슬하에 분신으로 태어난 형제라면 누가 콩이고, 누가 콩깍지인들 무슨 상관인가. 콩깍지 없는 콩 없고, 콩 없는 콩깍지는 없지 않은가. 콩과 콩깍지는 뿌리의 눈물을 망각해서는 안 될 일이다.

형제는 부모의 눈물을 망각해서는 안 될 일이다. 부모의 눈물을 망각하지 않는 형제는 한없이 달 것이다. 한없이 뜨거울 것이다. 한없이 좋을 것이다. 누구 하나 죽지 않고 똑같이 잘 살 수 있을 것이다.

형제는 콩 한 쪽이라도 나눠먹는 사이가 아닐까. 이 세상에 형제애만큼 든든하고 진한 게 있을까.

눈물(涙)
간디 아버지의 눈물

사람들의 존경과 추앙을 받아온 인도의 위대한 지도자이자 성자였던 마하트마 간디도 어렸을 적에는 여느 아이들과 다를 바 없이 평범한 소년이었다.

하루는 친구들과 함께 놀다가 근처에 있는 가게에서 양고기를 파는 것을 보았다. 반질반질하게 구워진 양고기에서 먹음직스러운 냄새가 풍겨와 간디는 그것을 먹고 싶다는 유혹을 뿌리칠 수가 없었다.

궁리 끝에 집으로 돌아와 그는 아무도 보지 않는 틈을 타 몰래 아버지의 침실로 들어가서 장롱을 뒤져 동전 몇 푼을 꺼내들고 상점으로 달려갔다. 그리고 먹음직스러운 양고기를 사서 단숨에 모두 먹어치웠다.

고기를 먹을 때는 너무나 행복해서 아무런 양심의 거리낌도 느낄 수 없었는데, 막상 저녁이 되어 집에 돌아오자 그는 걱정이 되어 잠을 이룰 수가 없었다. 한동안 이불 속에서 뜬눈으로 이리 구르고 저리 굴러보았지만, 잠이 오지 않았던 간디는 마침내 결심을 했다. 고통스럽게 밤을 지새우기보다 차라리 벌을 받을지언정 정직하게 고백하자는 것이었다.

다음 날, 모든 것을 고백한 노트를 병상에 누워 있던 아버지에게 가지고 갔다. 그러나 아버지는 꾸짖지 않았다. 비난도 하지 않았다. 아무런 벌도 주지 않았다. 단지 하염없이 주룩주룩 눈물을 흘리는 것이었다.

눈물을 흘리시는 아버지의 모습을 보자, 간디는 마음이 미어져서 그 모습을 더는 지켜볼 수가 없었다. 간디는 아버지 앞에 무릎을 꿇고 앉아 잘못을 정직하게 고백하였고, 아버지는 간디를 꼭 껴안아 주었다.

후에 간디가 성인이 되었을 때, 그는 너그럽게 용서해 주시던 아버지의 얼굴을 보면서 하나님의 인자하신 얼굴을 발견할 수 있었다고 말했다.

– 간디의 자서전 중에서

간디가 하루는 콜카타 시를 걸어가고 있는데, 한
할머니가 울면서 도와달라고 구걸하고 있었다. 간디
는 눈물이 글썽이는 눈으로 "모든 인도 사람들의 눈
물을 내가 닦아주기에는 내 손은 너무 짧습니다."라
고 말한 적이 있다고 한다. 아마 간디의 숭고한 눈물
은 간디 아버지의 눈물에서 비롯되었을 것이다.

마하트마 간디

간디의 아버지는 간디의 잘못을 질책하지 않고 자
식 앞에서 하염없이 눈물을 흘렸다. 눈물이 자연발생
적이라면 간디 아버지가 흘린 눈물의 근원은 무엇일까. 자식의 잘못이 자
신에게서 비롯되었다는 것을 스스로 인정하는 것이 아닐까.

자식은 자신의 분신이므로 자식이 저지른 잘못은 자신이 저지른 것이 되
는 것이다. 자식의 잘못에 스스로 채찍질하는 것이다. 자신이 잘못을 저지
르고 어찌 자식을 꾸짖을 수 있겠는가. 어찌 자식을 비난할 수 있겠는가.
어찌 자식을 벌하겠는가. 하염없이 눈물을 흘릴 수밖에 도리가 있겠는가.
간디는 아버지의 눈물을 가슴으로 배웠던 것이다. 가슴으로 배운 눈물이기
에 간디가 인류의 위대한 성인이 되지 않았을까.

인간의 내면에서 표출되는 위력을 가진 에너지원에는 '땀', '눈물', '피'
가 있다고 한다. 땀은 자신을 바꾸고, 눈물은 남을 바꾸고, 피는 세상을 바
꾼다고 한다. 그 중 '눈물'은 사람을 바꾸는 가장 순결하고 아름다운 것이
아닐까.

부모님의 '화'는 돌아서면 곧 '눈물'이다. 우리 모두가 부모님의 눈물에
'땀'으로, 더 나아가 '피'로써 보답할 수 있으면 좋겠다.

감기 걸리기

모처럼 심하게 감기에 걸렸다. 5년 만에 걸렸던 감기였을 것이다.

감기에 걸리지 않을 수도 있었을 것이다. 그동안 감기가 감지되면 미리 손을 써서 피했다. 미리 좀 푹 쉬던가, 미리 하루 치 약을 먹고 감기를 피했다.

아마 감기를 핑계로 자유를 얻고 싶었던 것 같다. 과한 일상에서 한번 벗어나고 싶었을 것이다. 누군가의 관심도 받고 싶었을지도 모른다.

하지만 반응은, 다들 시큰둥했다. 아무나 걸릴 수 있다는 둥, 환절기라 걸릴 수 있다는 둥, 약 사 먹든가 병원에 가보라는 둥, 전염되니까 딴 방 가서 푹 주무시라고까지…… 기대한 것들이 다가오기는커녕 핀잔과 무관심 뿐이었다.

이불을 세 겹 둘러도 추웠다. 기침할 때마다 목이 아팠다. 뼛속까지 쑤셨다. 깊어가는 증세와 홀로 남은 나. 생각을 고쳐먹어야 했다. 아픈 것은 나만 알 뿐……. 아픔은, 누구나 스스로 감당해야 하는 소소한 것이라는 것을 잊고 있었다.

섭섭함을 넘어 살아야겠다는 생각을 했다. 감기약을 센 것으로 사서 먹었다. 죽 대신 밥도 평상시 곱절로 꾸역꾸역 먹었다. 안 하던 운동까지 했다. 점점 살아났다. 공부 때문에 감기에 걸려도 문책 당하듯 조아리는 제자들이 생각났다. 미안했다.

— 필자가 어쩌다 감기에 걸린 후에 쓴 글

　아프다는 것은, 나를 이해하고 남을 이해할 수 있는 시간을 가질 수 있어서 의미가 있다. 자신이 한쪽으로 기울었을 때 누가 자신에게 쏠리는지 알아차릴 수 있어서 일 것이다.

　정상일 때 모르는 것이 있다는 것일 것이다. 정상이, 정상이 아니라는 것일 수도 있다. 정상일 때 제대로 볼 일이다. 보고 있는 것을 제대로 보고 있는 것인지, 못 보고 있는 것은 없는지 제대로 볼 일이다. 아픈 것이 아픈 것으로만 끝난다면 제대로 아플 수도 있을 것이다. 뜻이 없는 아픔은 없을 테니까.

> 아프다는 핑계로 주말마다 막내아들을 기다리시는, 시골에서 혼자 사시는 어머니를 못 찾아뵌 것이 마음에 걸린다.

소망(所望)

남궁준

이른 아침에 부시시 눈을 떠도 살아있는 내 몸짓에
대견스러 했으면 좋겠다

아침 식탁은 변변치 못해도 식사 후에 따뜻한 차 한잔 함께 마실
나를 닮아가는 얼굴이 내 앞에 늘 있으면 좋겠다

오늘 만난 많은 사람들이 어제처럼 헤어지지만
오늘 하루는 어제보다 그들에게 더 가까이 다가갔으면 좋겠다

퇴근가방 서둘러 챙기면서도
술 한잔 하자는 인심을 거절 못하는 냉가슴이면 좋겠다

비 내리는 저녁 나를 찾는 사람은 없어도
허름한 대폿집에서 내가 맞을 귀한 분이 있으면 좋겠다

잠을 뒤척이면서도 그래도 오늘 하루는 나만을 위한 하루는
아니었다고 뗴쓰며 고백할 수 있으면 좋겠다

어제가 오늘을 속이고 오늘이 내일을 속일지라도
내일을 살 조그만 소망 하나 있으면 좋겠다

2부

머리에
담을 것

선택

    적의 급습을 받은 동지 하나가 상황이 위급하다면서 지고 가던 상자 두 개를 버리고 사탕수수밭 속으로 도망가 버렸다. 하나는 탄약상자였고, 또 하나는 구급상자였다.

    그런데, 총탄에 중상을 입은 지금의 나는 그 두 개의 상자 가운데 하나밖에 옮길 수 없는 상황이었다. 과연, 의사로서의 의무와 혁명가로서의 의무 중에 어느 것을 선택해야 할 것인가?

    나는 내 생애 처음으로 깊은 갈등에 빠졌다. 너는 진정 누구인가? 의사인가? 아니면 혁명가인가? 지금 내 발 앞에 있는 두 개의 상자가 그것을 묻고 있다.

    나는 결국 구급상자 대신 탄약상자를 등에 짊어졌다.

    – 체 게바라의 자서전에서

체 게바라

혁명은 다급하다. 쫓는 자와 쫓기는 자가 분명하다. 지키려는 자와 무너 트리려는 자가 분명하다. '모'가 아니면 '도'다. 누가 죽으면 누구는 산다. 우물우물 할 수가 없다. 어물거릴 수가 없다. 선택을 해야 한다.

혁명은 '누구'의 선택으로 시작되고, 혁명은 '누구'의 선택으로 끝을 맺는다. 혁명은 누구의 선택일까. 혁명은 누구의 선택을 받을까.

체 게바라는 게릴라 진투 중에 총상을 입어 구급상자와 탄약상자 중에서 하나 밖에 선택할 수밖에 없는 상황에 빠진다. 선택은 깊은 갈등을 불렀지만 본질적인 물음을 요구했다.

'너는 진정 누구인가?'

체 게바라는 탄약상자를 선택한다. 혁명을 선택한다. 병을 치료하는 의사가 아니라 진리를 전하고 불의와 맞서는 혁명가를 선택한다. 불의 앞에 이론을 만들지 말라고 경고하며 행동한다. 자신의 신념의 옳음을 입증한다. 선택이 완료되어 혁명이 완성된 것이다.

체 게바라는 쿠바 혁명을 완성시킨 후, 혁명의 열매를 버리고 다시 볼리비아 아마존 강 밀림에 들어가 게릴라전을 펼치다 붙잡혀 총살형을 당한다. '우리'를 위해 '나'를 내어 주며 아름답게 산화한 것이다. 혁명가답게 돌아오지 않은 길을 선택한 것이다.

20세기 가장 완전한 인간으로 평가받는 체 게바라. 당신의 선택은 옳았다.

까치밥

까치 주려고 따지 않은 감 하나 있다?

혼자 남아 지나치게 익어가는 저 감을,
까치를 위해 사람이 남겨놓았다고 말해서는 안 되지.
땅이 제 것이라고 우기는 것은 감나무가 웃을 일.
제 돈으로 사 심었으니 감나무가 제 것이라고 하는 것은 저 해가 웃을 일.
그저 작대기가 닿지 않아 못 땄을 뿐.
그렇지 않은데도 저 감을 사람이 차마 딸 수 없었다면,
그것은 감나무에게 미안해서겠지.
그러니까 저 감은 도둑이 주인에게 남긴 것이지.

미안해서 차마 따지 못한 감 하나 있다!

– 이희중의 시 「까치밥」

　지혜는 완벽과 거리가 있다. 오히려, 지혜는 완벽하지 않으려는 의도가 있다. 지식이 가득 채우는 것이라면, 지혜는 채운 것을 덜어내는 것이다. 너무 빨리 나갔다 싶으면 잠시 멈추고 다소 늦추는 것이 지혜이다. 너무 높이 올랐다 싶으면 잠시 멈추고 다소 낮추는 것이 지혜이다. 너무 앞으로 나갔다 싶으면 잠시 멈추고 다소 뒤로 물리는 것이 지혜이다.

　지혜로운 사람은 뭔가 부족해 보인다. 지혜로운 사람은 어딘가 허술해 보이고, 어딘가 비어 보인다. 지혜로운 사람은 어딘가 물러 보이고, 어딘가 무뎌 보인다. 사실은 그렇지 않지만 그렇게 보일 뿐이다.

　왜 지혜는 채우는 것이 아니라 덜어내는 것일까. 지혜는 삶의 경험이 풍부하거나 세상 이치나 도리를 잘 알아 일을 바르고 옳게 처리하는, 마음이나 두뇌의 능력을 말한다. 지혜는 세상에서 답을 찾아야 한다는 것이다.

　세상에는 알 수 없는 일이 비일비재하다. 세상에는 예기치 못한 일이 수없이 일어난다. 세상에는 황당한 일이 수없이 일어난다. 세상에는 난처하고 도저히 손을 쓸 수 없는 일도 허다하게 일어난다. 세상에는 자신도 모르는 사이에 언제든지 실수나 잘못을 저지를 수 있다.

　지혜로운 사람은 세상의 이치나 도리를 터득한 사람이다. 지혜의 터득은, 채우는 것이 아니라 덜어내는 것이었다. 감나무 주인은 왜 까치밥을 남겨 두었을까. 좋은 소식을 기대하고 까치를 위해 까치밥을 남겨두었을 것이다. 물론 작대기가 닿지 않아 못 따고 그대로 둔 것이 까치밥이 되었을지도 모른다. 해에게 비웃음을 살지 몰라서 까치밥을 남겨 두었을지도 모른다. 감나무가 고마워할 지도 모르는 사람이라고 투정을 부릴까 봐 까치밥을 남겨 두었을지도 모른다. 감나무를 거의 다 따고 나서 감나무에게 미안한 생각이 들어 까치밥을 남겨두었을지도 모른다.

지혜는 알 수 없는 무엇이 일어날지도 모른다는 것을 인정하는 것이다. 지혜는 세상에는 알 수 없는 일이 얼마든지 일어날 수도 있다는 것을 인정하고, 채운 것을 미리 덜어내는 것이다. 지혜는 알 수 없는 것에 대해, 미리 마음의 여백을 두는 것이다. 지혜는 마음에 까치밥을 남겨두는 것이다.

> 지혜는 공부로 터득하는 것이 아니다. 지혜는 다른 사람을 위해 내 마음의 일부를 비워두는 것이다.

계륵(鷄肋)과 양수(楊修), 그리고 겸손

'계륵(鷄肋, 닭의 갈비)'은 먹을 것은 없으나 그래도 버리기는 아까운 부위로, 무엇을 취해 보아도 이렇다 할 이익은 없지만 버리기는 아까움을 나타내는 말이다.

계륵은 『후한서(後漢書)』의 「양수전(楊修傳)」에서 유래된 말인데, 당시 위(魏)나라 조조(曹操)는 촉(蜀)나라 유비(劉備)와 한중(漢中) 땅을 놓고 싸우면서 진퇴를 놓고 깊은 고민에 빠져 있었다.

밤늦게 암호를 정하려고 찾아온 부하에게 조조는 그저 '계륵(鷄肋)'이라고만 할 뿐 다른 말은 하지 않았다. 부하는 돌아가 막료들과 계륵이 무슨 뜻인지 상의하였으나 아무도 영문을 알지 못하는 가운데, 주부(主簿)로 있던 양수(楊修)만이 조조의 속마음을 알아차리고 짐을 꾸리기 시작하였다. 사람들이 이유를 묻자 양수는 "무릇 닭의 갈비는 먹음직한 살은 없지만 그냥 버리기는 아까운 것이다. 공은 돌아갈 결정을 내릴 것이다."라고 말하였다.

양수는 계륵이라는 말에서 한중 땅이 계륵과 마찬가지로 버리기는 아깝지만 그렇다고 무리해서 지킬 만큼 대단한 땅이 아니라고 생각하는 조조의 의중을 파악한 것인데, 과연 그의 말대로 조조는 이튿날 철수 명령을 내렸다.

한편 『삼국지연의(三國志演義)』에서 양수는 재능을 믿고 오만한 인물로 묘사되며, 조조의 심기를 여러 차례 건드린 끝에 계륵 사건을 계기로 군심(軍心)을 소요하게 한 죄목으로 참수되었다. 다른 정사(正史)에서는 조조가 한중에서 철수한 지 몇 달 뒤에 양수가 군기를 누설하였다는 이유로 처형하였다고 기록되어 있다.

– 후한서 「양수전」에서

　겸손(謙遜)과 불손(不遜)의 경계는 모호하다. 겸손이 자신을 낮추는 것이라지만 어디까지 낮추어야 겸손인지 알 수가 없다. 불손이 자신을 높이는 것이라지만 어디까지 높여야 불손인지 알 수가 없다. 겸손의 바닥이 비천이고, 불손의 꼭지가 교만이지만 경계는 가늠하기가 쉽지 않다. 판단이 주관적이고, 상대적이기 때문이다.

　양수(楊修)의 사례는 불손했을 때 닥칠 수 있는 극단적인 사례이다. 양수의 불손은 난세의 영웅 조조의 속내를 꿰뚫어 본 것이다. 조조의 머리보다 양수의 머리가 더 좋은 것으로 드러난 것이다. 양수가 조조의 적이었다면 조조를 능가하는 영웅이 되었을지 모른다. 조조의 부하였던 양수는 조조가 수용하는 겸손의 경계를 넘은 것이다. 겸손의 필요성을, 생사를 가를 수 있는 불손의 위태로움에서 찾을 수 있을 것이다.

　그렇다면 진정 인간이 겸손해야 하는 본질적인 이유는 무엇일까. 1847년 외과수술을 받는 환자들의 고통을 덜어주기 위해 마취제를 발명한 스코틀랜드 출신의 의사 제임스 심프슨 경의 『발명에 대한 겸손한 견해』를 주목한다.

　심프슨은 "어느 발명도 독창은 없습니다. 전 인류의 공동 발명인 것입니다. 인류가 발견하고 발명하고 경험한 모든 것을 토대로 해서 조그마한 발견 하나를 하는 것이 발명입니다. 노예를 조상으로 가지지 않은 왕은 한 사람도 없습니다. 왕을 조상으로 가지지 않은 노예도 한 사람도 없습니다. 강도나 살인자를 조상으로 가지지 않은 성자도 없습니다. 성자를 조상으로 가지지 않은 살인자나 강도도 없습니다. 거지를 조상으로 가지지 않은 부자도 없고, 부자를 조상으로 가지지 않은 거지도 없습니다."라고 말한다.

결국 인간은 동등하다는 것이다. 인간 위에 인간 없고, 인간 아래에 인간 없다는 것이다. 현재의 높고 낮음은 일시적이고, 따지고 보면 모두 동등하다는 것이다. 누구나, 누구에게나 겸손해야 하는 이유가 여기에 있는 것이다.

높아지기 위해, 화를 면하기 위해 낮추는 의도적인 겸손보다는 인간적인 겸손이 더 아름답지 않을까.

꽃과 침묵

제비꽃은 제비꽃으로 만족하되
민들레꽃을 부러워하지도 닮으려고 하지도 않는다.
어디 손톱만 한 냉이꽃이 함박꽃이 크다고 하여
기죽어서 피어나지 않은 일이 있는가.
싸리꽃은 싸리꽃대로 모여서 피어 아름답고
산유화는 산유화대로 저만 떨어져 피어있어 아름답다.
사람이 각기 품성대로 자기 능력을 피우며 사는 것.
이것도 한 송이의 꽃이라고 나는 생각한다.
자기다운 자기 꽃을 지닐 때
비로소 그 향기가, 그 열매가 남을 것이 아닌가.

- 정채봉의 시 「꽃과 침묵」

제비꽃

민들레꽃

모든 생명체는 '나'라는 본질로 세상에 태어난다. '나'는 '나'로 생명을 유지하고 성장한다. 결코 '나'가 '너'는 될 수 없다. '너'가 있어서 '나'가 있는 것도 아니다. '나'가 있어 '너'가 있을 뿐이다. 제비꽃이 민들레꽃이 되는 일은 세상이 문 닫기 전에는 없을 것이다.

'나'는 '나'로서 존재한다. '나'는 나만의 향기와 나만의 열매가 있을 뿐이다. 나만의 향기와 나만의 열매가 없으면 '나'는 존재 가치를 잃어버리고, '나'는 소멸한다.

꽃의 침묵은 자생(自生)을 위한 자기성찰이요, 꽃의 침묵은 자생을 위한 몸부림이다. 자생 없는 공생(共生)은 없다. '나'는 늘 '나'로 향해야 한다.

남을 부러워할 것도, 닮을 것도 없다. '나'는 '나'다울 때 진정 빛이 난다. 세상에 하나뿐인 '나'. 우리는 하나하나 다른 꽃이다. 각각 아름답게 존재해야 할 하나하나의 꽃이다.

시간이 갈수록 비싸지는 책값

피뢰침을 발명한 미국의 벤저민 프랭클린은 젊었을 때 서점을 경영하고 있었다. 어느 날 프랭클린의 서점에 한 손님이 와서 책을 산다며 값을 물었다.

"이 책 얼마요?"

"1달러입니다."

"조금 싸게 팔면 안 될까요?"

"1달러 15센트 주십시오."

손님은 프랭클린이 잘못 알아들은 줄 알고, 기가 찬 듯 말을 뱉었다.

"아니, 깎자는데 더 달라는 거요?"

그러나 깎아주기는커녕 책값은 다시 1달러 50센트로 올랐고, 결국 손님은 가격이 점점 더 비싸진다며 화를 벌컥 냈다.

그러자 프랭클린이 말했다.

"시간은 돈보다 더 귀한 것인데 손님께서 시간을 소비시켰으니 책값에 시간비용을 가산해야 할 것 아닙니까?"

– 프랭클린 일화에서

시간을 원으로 나타낸 것은 일리가 있다. 시간은 돌고 돌아 다시 원점을 향한다. 시간은 순환하고, 순환을 끝없이 반복한다. 천체의 운행이 그러하고, 생명체의 변화과정이 그러하니 만물이 원의 중심축을 주기적으로 반복한다 할 수 있을 것이다.

하지만 사람은 원의 중심축에 끼지 못하고 직선으로 향해간다. 시간은 시작도 끝도 없이 돌고 돌지만, 사람에게 시간은 시작과 끝이 있다. 참으로 시간은 인간에게 야박하다. 시작은 몰래 와있고, 끝은 나 몰라라 한다. 시간 속에 인간을 마냥 던져놓고 알아서 하라는 식이다. 인간은 지금도 시간 속에서 언제 있을지도 모르는 끝을 향해 가고 있는데 말이다.

사실, 인간은 시간 속에 존재한다는 것을 부정할 수는 없다. 시간 속에서 인간은 지각하고 사고하기 때문이다. 인간은 시간과 타협할 수밖에 없는 존재라는 것이다.

시간은 제 멋대로 흐르지만, 인간은 시간 속에 일정 기간 머무를 뿐이다. 인간은 시간을 붙들 수는 없으므로, 머무르는 시간을 느끼면서 살 수밖에 없다. 시간을 느끼는 것이 시간 속에 머무르는, 시간 속에 존재하는 유일한 길이다.

물론, 머물러 있는 시간을 느끼는 것은 지금뿐일 것이다. 지금 시간을 느끼지 못하면 과거에도 없고 미래에도 없는 것은 분명하다. 현재만이 존재를 확인시켜 줄 수 있기 때문이다.

현재에 존재가 없으면 과거는 '이미 없는 것'이며, 미래는 '아직 없는 것'이다. 현재에 존재를 느끼지 못하면 과거도 미래도 존재하지 못하는 것이다. 과거도 미래도 모두 현재를 위해서 부수적으로 고려된 시간일 뿐이다. 현재의 우월성을 깨달아야 한다는 것이다. 현재가 과거로 가고 현재가 미래를 수용하지만, 현재가 우월하지 않으면 과거도 없고 미래도 없기 때문이다. 우월한 현재가 자신의 기록이며, 우월한 현재의 기록이 자신의 역사가 되는 것이다.

고대 그리스 시인 소포클레스가 말한 "내가 헛되이 보낸 오늘은 어제 죽어간 이가 그토록 원하던 내일이다."라는 명언을 시간에 새길 일이다. 벤저민 프랭클린이 책방을 하면서 시간을 축내는 손님에게 책값을 점점 높여 부른 것은 일리가 있다. 돈으로도 살 수 없는 것이 시간이기 때문이다.

엄청난 부를 축적한 대기업 회장이 가장 사고 싶은 것이 무엇일까? 아마 시간이 아닐까? 축구경기 중에 축구공과 축구선수의 관계가 시간과 사람과의 관계가 아닐까? 축구공은 돌고 있는데 축구선수가 멍청히 서 있을 수는 없지 않은가.

작은 거인들에게 보내는 러브레터

고독은 성장한다
슬픔을 이겨낸 것도
섬벽에 둘러싸여 외로움을 지킨 것도
나를 165cm까지 키워낸 것도
고독이다
그러나 고독은 차돌처럼 희다

– 이생진의 시 「고독」

나룻가 끝에 서 있는 사내는 고독한 걸까. 고독의 대면은 각양각태(各樣各態)이다. 사람마다 각기 다른 모양과 상태를 나타낸다. 상대적이다. 어떤 사람은 고독을 가볍게 여기고, 어떤 사람은 고독을 무겁게 여긴다. 어떤 사람은 고독을 편안하게 여기고, 어떤 사람은 고독을 불편하게 여긴다. 어떤 사람은 고독을 즐겁게 여기고, 어떤 사람은 고독을 두렵게 여긴다. 고독의 깊이와 무게가 사람마다 사뭇 다르다는 것이다. 고독의 정의는 분명히 하나일 텐데, 양태가 각기 달리 나타나니 혼란스럽기도 하다.

고독은 정신적으로 육체적으로 자유로운 상태에서 홀로 있을 때 일어나는 감흥이다. 홀로 호젓하게 숲길을 걷고 있을 때 일어나는 감흥이나, 홀로 특별한 공간에 있을 때 일어나는 감흥을 고독으로 치는 것이 타당할 것이다.

외로움과 고독도 분명히 차이가 있다. 철학자 폴 틸리히는 '외로움'이란 혼자 있는 고통을 표현하기 위한 말이고, '고독'이란 혼자 있는 즐거움을 표현하기 위한 말이라고 각각 차이를 둔다. 쉽게 말하면 외로움은 느낌표(!)이고, 고독은 물음표(?)라고 할 수 있다. 외로움과 고독을 결합해보면 외로운 느낌의 경계를 넘어서 있는 어떤 물음을 고독이라 할 수 있을 것이다.

중요한 것은, 고독은 왜 성장할까. 외로움을 넘어서 어떤 물음을 던지기 때문이 아닐까. 고독은 외로움에 그치지 않고 외로움을 넘어서 물음에 답을 찾아가기 때문이 아닐까. 고독은, 물음의 답을 찾아가며 성장하는 것이다. 고독은 슬픔을 이겨내고, 외로움을 지켜내고, 그리고 성장한다. 그리하니, 어찌 고독이 즐겁지 않겠는가.

고독이 차돌처럼 흰 것을 보면, 고독은 외로움 너머에 있는 어떤 별을 그리워하는 것이 아닐까.

너를 부르마

나는 숨을 쉬고 싶다
내 여기 살아야 하므로
이 땅이 나를 버려도
공기(空氣)여, 새삼스레 나는 네 이름을 부른다
내가 그 이름을 부르기 전에도
그 이름을 부른 뒤에도
그 이름을 잘못 불러도 변함없는 너를
자유(自由)여

– 정희성의 시 「너를 부르마」

자유처럼 잘난 언어가 있을까. 남부러울 것이 없는 언어이다. 사랑도, 명예도, 죽음도, 그 어떤 언어도 자유 앞에서는 쩔쩔맨다. 자유에는 맞수도 없고, 천적도 없다. 모든 언어는 자유 앞에서 무릎을 꿇는다. 다른 것들은 모두 구속이 있지만, 자유는 자기 마음대로이기 때문이다. 가히 자유는 천상의 언어이다.

하지만 인간은 세상에서 가장 잘난 언어, '자유'를 만들어 놓고 자유롭지 못하다. 인간이, 자기 마음대로 한 것이 무엇이었던가. 인간이, 자기 마음대로 한 것이 몇 번이 있었던가. 인간이, 자기 마음대로 할 수 있는 것이 무엇이 있단 말인가.

잘난 자유는 잘나기만 한 것일까. 인간은, 자유가 없어서 자유롭지 못한 것일까. 자유가 있는데도 자유롭지 못한 것일까. 눈으로 뻔히 보이지만 손으로 잡을 수 없는 자유. 자유가 없으면, 자유가 없다고 생각하면 하루도 살 수 없는 인간.

자유는 없지만 자유는 있는 것이다. 내가 숨을 쉬고 있다면 자유는 있는 것이다. 잘나서, 잘나도 너무 잘나서 부르기 전에도 못 본 체하고, 부른 후에도 못 본 체하고, 엉뚱하게 불러도 못 본 체하는 자유. 보이지 않지만 항상 함께하는, 항상 함께 해서 '나'를 살게 하는 자유.

이 땅이 '나'를 버려도, 나는 자유 '너'를 버릴 수가 없다. 내가 숨 쉬고 있는 한, 자유 '너'를 부르리라. 자유, 너는 나에게 공기(空氣)이니까.

자유야, 너무 잘난 체하지 마. 나는 너 몰래 너를 마시고 있거든.

어린이와 여자부터 구하라

– 버큰헤드 정신

1852년 2월 27일 새벽 2시. 영국해군의 수송선 버큰헤드 호가 남아프리카로 항해하고 있었다. 케이프타운 항에서 65km쯤 떨어진 지역을 항해하던 중 배가 갑자기 암초에 부딪혀 기우뚱했다. 배 안에는 영국 73보병연대 소속 병사 472명과 가족 162명이 타고 있었다.

배 안은 순식간에 아수라장이 되었다. 비상용 구명보트는 단 3대뿐이었고, 보트 당 정원은 60명이었다. 공포에 질린 사람들이 우왕좌왕하면서 서로 보트를 타려고 아우성을 쳤다. 지옥이 따로 없었다. 배는 점점 가라앉았고, 바다에는 상어 떼가 우글거렸다.

이때 북소리가 울렸다. 그러자 반사적으로 병사들이 우르르 갑판에 집결했다. 함장인 알렉산더 세튼 대령이 "차렷!" 하고 외쳤다. 병사들은 그 자리에 부동자세로 섰다. 함장이 병사들을 바라보며 다시 외쳤다.

"제군들은 들어라! 가족들은 그동안 우리를 위해 희생해왔다. 이제 우리가 그들을 위해 희생할 때다. 어린이와 여자부터 보트에 태워라! 대영제국의 남자답게 행동하라!"

이내 횃불이 밝혀지고 승무원들이 어린이와 여자들을 구명보트에 태웠다. 마지막 구명보트가 배를 떠날 때까지 병사들은 차렷 자세로 가족들이 떠나는 것을 지켜보았다.

보트에 탄 가족들은 수백 명의 병사들이 배와 함께 바다로 잠기는 것을 지켜보며 울부짖었다. 600명이 넘는 승선자 중 단 193명이 살아남았다. 그 후로 영국인들은 어떤 사고가 터질 때마다 "버큰헤드 정신으로!"라고 외친다. 그러면 우왕좌왕하던 이들도 곧 숙연해진다고 한다.

'버큰헤드 정신'은 1912년 타이타닉 호 침몰 때에도 빛을 발했다. 그 당시 승객 중 남성은 단지 7퍼센트만 살아남은 데 비해, 여성과 아이들은 반

이상 구조되었다.

　- 켄트 너번의 『세상을 보는 16가지 지혜 작은 유산』 중에서

왜 배가 침몰해가는 위급상황에서 어린이와 여자가 먼저일까. 인간의 생명이 누구나 소중하다면 심각한 차별이다. 어린이는 얼마 살지 못했으니까 상식적으로 이해할 수 있다. 여자는 무엇 때문에 우선순위에 포함된 것일까.

배 안에는 젊은 병사들 472명이 타고 있었다. 이들의 목숨값이 여자보다 못한 것일까. 가족 중에는 병사들의 어머니도 있었을 것이다. 아들의 죽음을 바라만 보고 있었을 나이 든 어머니들의 심정은 어떠했을까. 어머니는 자신의 목숨보다 아들의 목숨을 살리고 싶었을 것이다.

병사들은 '어린이와 여자부터 구하라'는 함장의 명령에 따른다. 명령에 따르는 명분은 무엇이었을까. 희생이었다. 여자는 남자보다 상대적으로 더 많은 희생을 해왔다는 것이다. 사회적으로 여성의 불평등을 인정한 것이다.

양성평등을 이야기하고자 하는 것은 아니다. 사회에는 불평등이 즐비하다. 신 앞에, 법 앞에 모든 인간은 평등하다고 하지만, 차별받는 사회적 약자는 즐비하다.

평등은 수직을 수평으로 이동시키는 성스러운 정신이다. 버큰헤드 정신은 약자 편들기다. 땅을 딛고 서 있는 모든 인간이 서로 다르지 않다면, 버큰헤드 정신은 정당하다.

평등은 높이가 아니라 넓이다. 100평 위에 100층의 빌딩이 좋을까, 100만 평 위에 100채의 집이 좋을까.

바다에서 표류 중에 식인을 한 선원들

1884년 영국 선원 네 명이 작은 구명보트에 의지한 채 남대서양 한가운 데를 표류 중이었습니다. 토머스가 선장이었고, 에들리가 일등 항해사, 에 드먼드 브룩스와 리처드 파커가 일반 선원이었죠. 표류 중 처음 3일 동안 은 통조림 두 개에 의지하여 버텨냈고, 4일째 되는 날 거북이 한 마리를 잡 아 연명할 수 있었습니다.

하지만 결국 남은 음식은 떨어지게 되었고, 마실 물도 없었지요. 17살에 불과한 막내 리처드 파커는 선배들의 경고를 무시하고 목이 타들어 가자 급한 마음에 바닷물을 마시게 되고, 결국 병들어 눕게 됩니다.

표류 19일째가 되자 선장은 제비뽑기로 희생자를 선택하여 다른 선원들 이 살아남자는 제안을 하지만 브룩스의 반대로 무산되고 말지요.

20일째 되는 날, 선장과 일등 항해사의 공모로 일등 항해사 에들리는 칼 로 파커의 목정맥을 끊어버립니다. 처음엔 파커를 먹기 거부하던 일반 선 원 브룩스도 결국 파커를 잡아먹고 살아남지요.

나흘간 남은 세 명은 파커의 피와 살로 연명하다가 24일째 되는 날 아침 구조가 됩니다.

– 마이클 샌델의 『정의란 무엇인가』 중에서

JUSTICE

'정의(正義)'는 시대와 학자에 따라 다양하게 개념화되어 왔기 때문에 한 마디로 정의(定義)하기는 어렵다. 정의(正義)를 일컫는 'justice'의 어원에는 '올바른' 이외에도 '공정(公正)', '적법(適法)'이라는 의미도 포함되어 있다.

흔히 법원과 법정을 장식하는 도상(圖像)으로 사용되는 정의의 여신 유스티티아는, 보통 왼손에는 '저울', 오른손에는 양날의 '칼'을 들고 있는 모습으로 묘사된다. 저울은 법의 형평성을 나타내며, 칼은 그 법을 엄정하게 집행하겠다는 강력한 의지를 나타내는 것으로 이해할 수 있을 것이다.

정의의 개념에 비춰본다면, 과연 파커의 살로 연명하다가 구조된 세 명은 어떻게 심판을 받아야 정의로운 것일까. 살인을 저질렀기 때문에 실정법에 따라 처벌을 받아야 하는 것일까. 불가피한 상황에서 저지른 살인이기에 정상을 참작하여 처벌을 면해야 하는 것일까. 판관이 100명이라면 100명의 의견이 다 같지는 않을 것이다. 의견이 양분될 수도 있고, 비율에 차이도 있을 수 있을 것이다.

개인적인 판단은 이렇다. 판단의 전제는, '살인을 저지른 것은 옳지 못하기 때문에 1명은 이미 죽었고 3명은 죽어 마땅하므로 4명 모두 죽는다', '공정이 공평의 개념이라면 공평하게 4명이 살지 못하는 상황이었으므로 4명이 모두 죽어야 공정하다', '살인죄에 식인 하는 죄까지 범했으므로 3명은 죽어야 하고 1명은 이미 죽었으므로 4명 모두 죽는다'이다.

그렇다면 옳지 못하고, 불공정하고, 불법에 해당하므로 4명이 모두 죽는 것이 정의로운 것일까. 1명은 죽더라도 3명이 사는 것이 정의로운 것일까. 정의의 저울에 쟀을 때 칼은 어디를 향해야 할까.

결론은, 뽑아든 정의의 칼은 다시 칼집에 넣어야 한다고 생각한다. 공생이 가능한 상황까지는 공생이 정의였지만, 불가피한 상황부터는 생존이 정의였다고 생각하기 때문이다.

물론, 순전히 개인적인 판단일 뿐이다. 정의의 개념이 난해하지만 이처럼 개인적인 의견을 언급하는 것은 누구나 '무엇이 정의인가' 하는 개인적인 '정의(正義)'를 가졌으면 하는 이유에서다. 개인적인 '정의(正義)'가 없다면 정의롭게 살기 어렵기 때문이다. 누구나 '당신은 누군가에게 정의의 저울과 칼을 들 수 있는 사람인가?' 하는 물음에 답할 의무 또한 있기 때문이다.

누군가에게 정의의 저울과 칼을 들기 전에, 자신의 정의의 저울과 칼을 준비해야 하지 않을까.

칸트 아버지의 정직

　독일의 철학자인 임마누엘 칸트의 아버지 이야기다. 어느 날 칸트의 아버지는 자기의 고향인 폴란드의 실레시아를 향하여 말을 타고 여행길을 떠났다. 깊은 숲길을 통과해 가고 있었는데, 갑자기 강도들을 만나 값진 것들을 다 빼앗기고 말았다.

　강도들은 "네가 가진 것이 이것뿐이냐?"라고 물었다. 칸트의 아버지가 "그게 전부요."라고 대답하자 비로소 강도들은 그를 가도록 허락했다. 말도 빼앗기고 겁도 나서 뒤도 돌아보지 않고 빠른 걸음으로 가다보니, 옷깃에서 묵직한 것이 손에 닿았다. 그것은 옷 속에다 안전하게 꿰매어 보관한 금덩이였다.

　칸트의 아버지는 즉시 되돌아 강도들이 있는 곳으로 달려갔다. 그리고 금덩이를 손에 들고 강도들에게 말을 했다.

　"여보시오! 내가 아까 말한 것은 진실이 아니었소! 내가 무서움에 질려서 미처 생각을 못했던 것이오. 자, 여기 내 옷 속에 감추었던 금덩이를 받으시오!"

　이 말을 들은 강도들은 아무도 그 금덩이를 받으려고 하지를 않았다. 오히려 한 강도는 빼앗은 지갑을 다시 내어 놓았다.

　만약 살인자가 들이닥쳐 숨어있는 사람을 찾고 있다면, 거짓 없이 정직하게 살인자에게 숨어 있는 곳을 가르쳐 주는 것이 옳을까. 독립운동을 하다가 잡혀 일본경찰이 동지를 대라는 고문에, 거짓 없이 정직하게 발설하는 것이 옳을까.

　칸트 아버지의 정직은 극단적인 정직으로 볼 수 있다. 칸트는 아버지의 영향을 받은 것일까. 칸트는 "결과에 관계없이 진실만을 말해야 한다."라고 정직을 결론짓는다. "어떤 상황에서도 무조건 정직해야 한다."라고 말하면서 정직에 절대성을 부여한다.

　정직에 대한 상대적인 견해를 살펴보면 칸트와 대립적인 입장이었던 벤저민 콩스탕은 "진실을 말해야 할 의무는 진실을 알 자격이 있는 사람에게만 적용된다."라고 정직을 정의하면서, 정직은 대상에 따라 달라질 수 있다는 입장이다. 한편 공자는 "도리를 지키기 위해서는 정직을 지키지 않아도 된다."라고 말하면서 부정직의 범위를 설정한다.

　정직에 대한 견해가 절대성과 상대성으로 혼재한다. 각각 모순이 있는 것이다. 그렇다면 정직은 정의(定意)의 옳고 그름보다는, "여기까지는 정직이고, 여기를 넘어서면 정직이 아니다." 하는 정도의 문제가 아닐까. 정직의 절대성을 존중하면서도 상대적으로 인정할 것은 인정하자는 것이다. 칸트의 아버지가 정직한 것은 존중하나, 그렇게까지 할 것은 아니었다는 것이다.

> 정직의 개념은 어렵지만, 정직하면 좋다는 것은 누구나 알 수 있다. 이왕이면 정직하게 살자!

운명과 노력 사이

운명과 노력 사이에는 끝없는 싸움이 있다. 그 싸움 가운데서 우리는 계속해서 노력할 뿐, 그 결과는 하나님께 맡겨야 한다.

모든 걸 운명에 맡기지도 말고, 우리가 들이는 노력을 경시하지도 말라. 운명은 제 갈 길을 간다.

우리는 오직 우리가 끼어들 수 있는 곳을 보아야 한다. 결과가 어떻게 되든, 그것은 우리의 의무이기 때문이다.

– 마하트마 간디의 「날마다 한 생각」 중에서

운명과 노력 사이는 하늘과 땅 사이로 비견할 수 있을 것이다. 사람은 하늘과 땅 사이에 있다. 사람은 하늘에 닿을 수 없고, 땅과 맞닿아있기 때문에 땅에 가깝다.

사람은 노력에 결부된다. 운명은 하늘의 이치처럼 인간의 힘을 넘어선 초인적인 것이고, 노력은 땅을 딛고 있는 사람의 몫일 것이다. 하지만 사람은 주어지는 운명에 맞서려는 의지가 강하다. 운명에 싸움을 거는 것이다.

나쁠 것은 없다. 운명을 극복하고 운명을 넘어서려는 의지가 가상하기 때문이다. 허나 안타깝기 그지없다. 지는 싸움을 걸기 때문이다. 적수를 잘못 고른 것이다.

운명은 사람이 상대할 수 있는 적수가 아니다. 운명과 싸우면 무조건 백전백패다. 운명은 사람을 봐주는 아량이 없다. 운명은 비정하다. 운명은 제 갈 길을 갈 뿐이다.

그렇다고 우리가 수수방관할 이유는 없다. 우리 인간은, 구름 타고 하늘을 날 수 없는 한 우리의 길을 가면 그만이다. 사람은 땅을 딛고 사는 존재 그 이상은 아니다. 땅 위에 존재해야 하는 당위 말고는 어떤 의무도 가지지 않는다는 것이다. 비통한 것은 인간이 인간의 의무를 분명히 알지 못한다는 것이다. 무엇인지 안다 해도 의무를 이행하지 않는다는 것이다.

우리는 인간의 의무가 무엇인지 분명히 규정해야 한다. 인간의 의무는 하늘이 아니라 땅에서 인간으로, 인간답게 사는 것일 것이다. 어떻게 사느냐가 우리의 의무가 된다는 것이다.

사람은 땅에 마냥 서 있을 수는 없다. 걷든 뛰든 움직여야 한다. 생명이 있는 한, 생명의 몸짓을 해야 한다. 살아있다는 증거를 드러내야 한다. 증거가 곧 인간의 의무라는 것이다.

악기가 그대로 있으면 악기가 아니다. 악기의 의무는 소리를 내는 것이다. 강이 그대로 있으면 강이 아니다. 강의 의무는 흐르는 것이다. 달이 그대로 있으면 달이 아니다. 달의 의무는 지구를 도는 것이다.

인간의 의무는 생명을 증거 하는 것이다. 우리 인간이 끼어들 수 있는 것은 인간의 의무를 다하는 것이다. 결과는 우리 인간의 몫은 아니다. 우리는 우리의 의무인 인간다운 삶을 위해 노력을 다 하면 그만이다. 운명은 운명에 맡기고 말이다.

운명을 엿본다는 손금은 자신의 손에 있다. 어쩌면 운명은 자신의 손 안에 있지 않을까.

가난한 사람과 부자의 차이

하버드 경영대학원의 리처드 S. 테들로우 교수는 "아무 편견이 없는 것이 바로 돈이기 때문에 돈을 존중해야 한다."고 말했다. 돈에 대한 인식을 새롭게 하고 돈을 존중한다는 것은 사실 자신의 삶을 향상시키고 싶다는 뜻이기도 하다.

돈은 결코 한군데 머물러 있는 법이 없다. 가난뱅이가 부자가 되는 경우도 종종 있고, '부자는 삼대를 못 간다' 는 말도 있지 않은가? 이렇듯 돈은 끊임없이 움직이는 생물과 같은 존재이다.

그렇다면 가난한 사람과 부자의 차이는 무엇일까? 저축을 좋아하는 가난한 사람은 돈이 생기면 은행에 맡겨야 마음이 편하다. 하지만 대출을 좋아하는 부자는 닭을 빌려 달걀을 얻듯이 은행에서 돈을 빌려 더 많은 부를 축적한다.

가난한 사람은 어떻게 소비할까 고민하지만, 부자는 어떻게 하면 자산을 더 불릴 수 있을까를 항상 생각한다. 가난한 사람은 지금의 상태에 안주하지만, 부자는 마음속에 더 큰 돈을 벌겠다는 야심으로 가득하다.

가난한 사람은 위험을 두려워하지만 부자는 대담하다. 물론 가난한 사람도 일확천금이라는 허황된 꿈을 꾸며 돈을 벌고 싶어 하지만, 항상 생각에만 그치고 있을 뿐이다. 하지만 부자는 하고자 하는 욕망이 있으면 금세 행동으로 옮기고 돈이 될 일이라면 곧바로 실천한다.

이렇듯 생각과 행동의 차이가 서로 다른 것이다. 자신의 힘으로 부자가 되는 사람만이 진짜 인생의 주인공인 것이다.

– 량잉(梁英)의 『우화로 읽는 부자들의 지혜』 중에서

'작은 부자는 부지런하면 누구나 될 수 있지만, 큰 부자는 하늘이 내린다'는 옛말이 곧이곧대로 현대사회에서도 통용된다면 섭섭하다. 아무리 노력해도 불가항력적인 섭리(攝理)가 작용한다는 것인데, 이것을 인정하자니 인생이 실망스럽다. 큰 부자는 하늘에 맡긴다고 치면, 작은 부자가 부지런하기만 하면 누구나 될 수 있느냐는 것이다. 현실은 그렇지 않다. 큰 부자를 제하고 나면 나머지는 고만고만하고 가난하다.

우리는 자본주의 국가에 살고 있다. 자본이 힘이다. 곳간에서 인심이 난다. 부즉다사(富則多事)라고, 재물이 많으면 할 일도 많아진다. 예의생부족(禮儀生富足)이라고, 살림이 넉넉해야 예의도 나온다. 속물을 말하려는 것이 아니다. 졸부를 말하려는 것이 아니다. 누구나 될 수 있다는 작은 부자를 말하려는 것이다.

빈자와 부자는 생각과 행동의 차이일 뿐이라고 말한다. 인과관계다. 이렇게 하면 이렇게 되고, 저렇게 하면 저렇게 된다는 것이다. 인과법칙은 자연법칙이다. 콩 심은 곳에 콩 나고, 팥 심은 곳에 팥 난다. 빈자와 같은 생각과 행동을 하면 빈자가 된다. 부자와 같은 생각과 행동을 하면 부자가 된다. 돈이 돌고 돈다는 것을 읽을 수 있다면, 부자의 생각과 행동으로 바꿔볼 일이다.

이왕이면 부자의 생각과 행동을 닮아가는 것이 어떨까.

긍정(肯定)과 부정(否定)
낙타

저런,
등에
혹이
두 개씩이나?

사막을 터벅터벅
무겁겠다 애

아니야,
이건
내 도시락인걸!

타박타박 사막이
즐겁단다 애

– 손동연의 시 「낙타」

긍정(肯定)하기는 어렵다. 내려와 있는 것을 위로 올리는 것이 어찌 쉽겠는가. 부정(否定)하기는 쉽다. 내려와 있는 것을 아래로 내리는 것이니 어찌 쉽지 않겠는가. 놓아버리면 그만이다.

몇 달을 하루에 열 시간씩 공부를 했다. 성적이 제자리도 못 지키고 오히려 떨어졌다. 공부를 그만 내려놓고 싶지 않겠는가. 부정하기는 쉽다. 그럼에도 불구하고 공부를 지속하는 것은 어렵다. 긍정하기는 어렵다.

만년 과장이다. 동기는 물론 후배까지 승진을 한다. 직장을 그만 내려놓고 싶지 않겠는가. 부정하기는 쉽다. 불구하고 직장을 다니기는 어렵다. 긍정하기는 어렵다.

갑자기 불치병에 걸렸다. 의사는 몇 달을 선고했다. 나으려고 갖은 수를 다 써봤다. 생명을 그만 내려놓고 싶지 않겠는가. 부정하기는 쉽다. 불구하고 생명을 더 연장하려고 몸부림을 치는 것은 어렵다. 긍정하기는 어렵다.

우리는 어려운 상황을 맞게 되면 긍정이든, 부정이든 하나를 선택하게 된다. 긍정은 어려운 선택이고, 부정은 쉬운 선택이다. 모래사막을 건너가고 있는 낙타는 자신의 등 위에 솟은 쌍봉을 두고 하나를 선택한다. 혹이냐 도시락이냐 중에서 하나를 선택한다.

혹이라면 혹은 얻어맞은 상처요, 무게를 더 올리는 짐이다. 눈에만 보이는 쉬운 선택을 한 것이다. 부정을 선택한 것이다. 낙타가 상처투성이로 무거운 짐으로 사막을 건널 수 있을까.

도시락이면 도시락은 양식이요, 소풍이다. 눈에 보이지 않는 어려운 선택을 한 것이다. 긍정을 선택한 것이다. 낙타가 든든하게 양식을 준비해서 즐겁게 소풍을 가는데 건너지 못할 사막이 있겠는가.

긍정과 부정은 결국 선택이다. 어렵지만 자신을 살리는 긍정을 선택할 것이냐, 쉽지만 자신을 버리는 부정을 선택할 것이냐는 오직 자신의 선택일 뿐이다.

여러분은 낙타 등에 솟은 쌍봉이 '혹'으로 보이는가? '도시락'으로 보이는가?

세잔의 복수 시점(複數 視點)

폴 세잔의 그림 '병과 사과바구니가 있는 정물'은 그전까지 이어져 왔던 '단일 시점'이라는 미술 구도의 오랜 전통을 박살냈다. 약 30개가 되는 사과들은 어느 것 하나 같은 것이 없이 각기 고유의 색채와 명암을 갖고 있고 좌우대칭 또한 맞지 않다.

한가운데 있는 병은 비뚤어지게 세워져 왜곡되게 표현되었고, 마구잡이로 구겨진 테이블보는 전체의 부분이라기보다 상당히 독립적인 느낌을 준다. 즉, 세잔의 작품은 단일 시점이 아닌 서로 다른 시점에서 본 식탁을 그린 것이다.

관찰자의 시점에 따라 대상이 변하는 원근법의 발명과 함께 세잔의 복수 시점이 담긴 미술 작품들은 하나의 시점에 매몰되어 있던 중세의 구태를 타파하고 르네상스라는 문화를 꽃피우게 된다. 그리고 폴 세잔은 '현대 미술의 아버지'라는 칭호를 얻게 된다.

병과 사과바구니가 있는 정물(폴 세잔, 1890~1894)

시점(視點, point of view)은 각양각식(各樣各式)이다. 하나의 대상이 시점에 따라 각기 다른 모양과 형식을 갖는다는 것이다. 본질은 하나지만 시점에 따라 달리 나타난다는 것이다. 뒤집으면 시점이 다양할수록 본질에 근접할 수 있다는 것이다. 세잔은, 대상은 보편적인 법칙에 지배를 받지만 시점에 따라 달라질 수 있다는 것을 그림을 통해 시도한다.

아무리 하나의 시점이 뛰어나다 하더라도 분명 한계는 있을 것이다. 시점은 본질이 아니고 대상을 바라보는 방향이기 때문이다. 물론 다양한 시점만큼 그만큼의 왜곡이 있을 수 있다는 것도 인정할 수 있을 것이다.

하지만 시점을 다양화한 세잔의 그림은 더 예술다워진 것으로 평가받는다. 또한 세잔의 시점은 후에 등장하는 추상주의와 입체주의의 핵심을 찾아내는데 공헌하여, 세잔을 '현대 미술의 아버지' 라는 칭호를 얻게 한다.

보편적인 법칙을 대상의 본질로 본다면, 다양한 시점이 단일 시점보다는 대상의 본질에 더 가까워질 수 있다는 것이다. 니체는 "한 가지 사물에 관해 많은 감정을 말하도록 할수록, 한 가지 사물을 관찰하는 데 더 많은 눈, 다양한 눈을 사용하게 할수록 우리의 '객관성' 은 더욱 완벽해질 것이다." 라고 말했다. 다양한 시점이 본질을 더욱 객관화할 수 있다는 것이다. 우리 속담에도 '장님 코끼리 말하듯' 이라는 속담이 있다. 일부만 보고 일부를 전체인 것처럼 하듯, 본질을 얼마든지 왜곡시킬 수 있다는 것이다.

우리는 자신을 과대평가하여, 자신만의 시점을 고집하고 다른 사람의 다양한 시점을 무시하거나 경시하는 경우가 적지 않다. 자신의 시점은 개개의 고유한 시점이나, 자신만의 시점일 뿐이다. '복수 시점' 의 의미는, 자신의 고유한 시점을 가지되 다양한 시점을 취합해야 한다는 충고이다.

> 자신만의 독특한 시점을 가져라. 하지만 다른 사람들의 다양한 시점을 취합해야 한다. 자신의 시점을 다른 사람들의 다양한 시점에 비춰볼 때 자신의 시점이 빛을 발한다.

아모르 파티(Amor Fati)

- 운명을 사랑하라

뜨거운 햇볕 아래 발밑에 진하게 붙어 있는 그림자를 볼 때 이런 생각을 한다. 사람은 누구나 이 그림자만큼이나 떼어내기 힘든 운명 같은 굴레가 있다고. 어떤 몸부림으로도 해결할 수 없는 독한 아픔을 갖고 있다고.

이것들은 어느 순간 극복되는 것이 아니다. 견뎌내는 것이다. 한순간씩, 하루씩 살아가고 버티다보면 그 징그럽던 운명의 굴레도 생명의 수레바퀴로 바뀔 수도 있는 것이다.

꼭 하루씩만 살아내자. 그러기 위해서는 반드시 외워야 할 주문이 있다. 독실한 신도가 몸을 접듯 간절하게 자신을 위로하면서 되뇌어야 하는 주문이. 그러다보면 어느덧 자신과 그 숙명을 바꾸어줄 바로 그 주문이.

아모르 파티(Amor Fati). 네 운명을 사랑하라. 견디자. 다 지나간다.

– 김난도의 『천 번은 흔들려야 어른이 된다』 중에서

운명(運命)아, 잘 있어? 한 번도 본 적은 없지만, 어딘가에는 있을 너를 생각하며 편지를 쓴다. 운명, 너는 지금 무엇을 하고 있을까. 10년 전이었지. 나의 아버지를 하늘로 부를 때 너를 제대로 알게 되었지. 네가 분명 있기는 하는구나 하고 깨달았거든.

그런데 좀 심하지 않았어? 막 화가 났어. 조용히 부를 일이지 그렇게까지 할 필요는 없었잖아. 아버지를 차로 쳐서 비명에 데려갈 것까지는 없었잖아. 아버지께서 얼마나 아프셨을까.

너는 늘 그런 식이야? 그렇게까지 해야 직성이 풀리는 거야. 너는 뭐든지 네 마음대로 할 수 있어서 좋겠다. 차를 탈 때면 너를 생각하지. 네가 또 어떻게 할까 봐. 나라고 봐주지 않을 거라는 것을 아니까.

너는 늘 예고도 없이 찾아와서 일을 저지르잖아. 얼마 전에도 너의 정체를 드러냈지. 나의 어머니에게 갖은 고통을 주더니 하늘로 데려갔잖아. 네가 또 한 일이라고 생각했지만 야속하더라.

나는 이제 부모도 없는 고아가 되었어. 너는 부모도 없나봐. 나를 얼마나 사랑하셨던 어머니이셨는데. 너는 참 인정머리가 없는 것 같아. 너는 사람은 아닌 것 같아. 사람이라면 그렇게까지는 하지 않았을 테니까.

너를 의식하면 불안하고 어떤 것도 손에 잘 잡히질 않아. 네 눈치를 너무 보는 것 같아서 자존심도 상하고. 너를 무시하고도 살고 싶은데, 너는 그림자처럼 내 곁을 떠나지 않아. 참 징그럽게도 시달리게 하지. 떼어내고 싶어도 떼어지질 않아. 나를 붙들고 놓아주지 않으니까.

이유가 뭐야? 늘 내게 독한 아픔을 주면서도 떠나지 않는 이유가? 네 마음대로 하니까 재미있어서야? 혼자 있으니까 외로워서 그런 거야? 심심해서 그런 거야? 내가 그렇게 쉽게 보여?

나를 너무 함부로 하지 마. 너무 아파. 너도 내 뜻을 꺾을 때면 힘이 들잖아. 나쁜 일을 벌이면 너도 불편하잖아. 너도 좋은 일을 하면 좋잖아. 혹시, 내가 좋은 거야? 내가 좋아서 자꾸 너를 나타내는 거야?

물론 너도 내게 좋은 일도 해줬지. 내가 원하는 사람을 사랑하게 해달라고 부탁한 적이 있을 거야. 너는 흔쾌히 들어주었지. 고마웠어. 지금도 그 사람을 사랑하고 있으니까.

아! 원망만 하고 고마움을 모른다고 내가 미웠던 거야? 미안해. 다음부터는 나도 너에게 잘할게. 나도 너를 사랑할 테니까 너도 나를 사랑해줄 수 없겠어?

그래도 너를 생각하면 자신이 없어. 하지만 너와 잘 지내고 싶어. 아직 지상에 남아 할 일이 있거든. 내가 사랑하는 사람들이 나를 필요로 하거든. 나도 그 사람들과 더 오래 같이 있고 싶어. 나를 잃은 슬픔이, 내가 잃은 슬픔이 희망일 때까지는 참아줄 수 없겠어?

내가 이루고 싶은 꿈도 있어. 네가 나를 세상에 보내주었을 때는 어떤 뜻이 있을 거잖아. 나도 이 세상에 뭔가로 보답하고 떠나야 하지 않겠어? 서두르지 말아줘. 제발, 부탁이야. 운명아.

운명아, 내가 너를 끔찍이 사랑할 테니까 나의 사랑을 받아줄 수 없겠어?

운명(運命)·2
알렉산더 대왕의 지혜

알렉산더 대왕이 군대를 이끌고 열배나 되는 적과 싸우게 되었다. 싸움터로 가던 도중 대왕은 작은 사원에 들러 승리를 기원하는 기도를 올렸다. 기도를 마치고 나오자 장수들과 병사들이 기대에 찬 눈빛으로 그를 쳐다보았다. 대왕은 손에 동전 하나를 들고 말했다.

"자! 이제 기도를 마쳤다. 이 기도는 틀림없이 영험이 있을 것이다. 나는 이 동전을 던져 영험을 시험해 보고자 한다. 이 동전을 공중에 던져 앞면이 나오면 우리가 승리하는 것이고 뒷면이 나오면 우리는 패배할 것이다."

대왕은 비장한 표정으로 동전을 하늘 높이 던졌다. 모두들 숨을 죽이고 동전을 주시하였다. 군사들이 떨어진 동정을 보니 동전은 앞면이 위로 올라와 있었다.

"앞면이다! 우리가 이긴다!"

기쁜 함성이 천지를 뒤흔들었다. 병사들의 사기는 단번에 올라갔다. 그래서 그들은 적을 격파할 수 있었다. 승리를 축하하는 자리에서 한 장교가 말했다.

"운명이란 무서운 것입니다. 저희가 열 배나 되는 적을 이겼으니 말입니다."

그러자 알렉산더 대왕이 말했다.

"그럴까? 그 동전은 양쪽 다 앞면이었는걸!"

– 조영탁의 『행복한 경영이야기』에서

– 알렉산더 대왕: 마케도니아의 왕(BC 356~323, 재위 BC 336~323). 그리스, 페르시아, 인도에 이르는 대제국을 건설하였으며, 그 정복지에 다수의 도시를 건설하여 동서 교통과 경제 발전에 기여하였고, 그리스 문화와 오리엔트 문화를 융합한 헬레니즘 문화를 이룩하였다.

운명(運命)은 하늘에 달려 있다. 인간은 하늘이 내려 주는 운명에 순응할 수밖에 없다. 그리하여, '운명을 사랑하라'는 니체의 주장은 인간의 한계를 받아들이되 훗날을 기약하자는 야릇한 도발이다. 그런 야릇한 도발을 감행한 사람이 바로 알렉산더다.

신의 입장에서 보면 알렉산더가 장난질을 친 것이다. 감히 신의 전유물인 운명을 가로챈 것이다. 알렉산더는 적병이 열 배나 많은 전쟁을 승전으로 이끌기 위해 묘안이 필요했다.

묘안은 '사기'였다. '사기(士氣)'를 위해 '사기(詐欺)'를 친 것이다. 사실 간단했다. 동전 앞뒤를 똑같이 만드는 것이었다. '지혜'로 보기에도 소소하다. 하지만 그 소소한 것이 지는 운명을 이기는 운명으로 바꾼 것이다. 운명은 그렇게 인간의 소소한 지혜로도 뒤바뀔 수 있는 것이었다.

기원전 300년경의 일이고 역사서에 뚜렷하게 기록된 것도 아니지만, 알렉산더가 대제국을 건설한 역사적 사실은 인정하고 있기 때문에 신빙성이 없는 이야기는 아니다.

사소한 지혜가 운명을 바꿀 수 있다는 것이 즐겁지 않아? 한 번쯤 신의 영역을 훔쳐보는 거야.

귀천(歸天)

나 하늘로 돌아가리라
새벽빛 와 닿으면 스러지는
이슬 더불어 손에 손을 잡고,

나 하늘로 돌아가리라
노을빛 함께 단 둘이서
기슭에서 놀다가 구름 손짓하면은,

나 하늘로 돌아가리라
아름다운 이 세상 소풍 끝내는 날
가서, 아름다웠더라고 말하리라

– 천상병의 시 「귀천」

　죽음은 명료하다. 죽음은 출생 후에 종결을 의미한다. 세상에 태어난 사람들은 모두 죽음을 피할 수는 없다. 아무도 대신할 수 없는 것이 죽음이다. 죽음은 순서도 없다. 모든 것을 두고 떠나는 것이 죽음이다. 생명의 소멸인 죽음은 비극일 수밖에 없다. 죽음의 비극 중에 최고의 비극은 자신의 죽음은 목격할 수 없다는 것이다. 죽음은, 죽은 사람 밖에 알 길이 없다.

　종교의 견해를 빌리자면, 불가(佛家)에서는 윤회라고 말한다. 생과 사의 순환으로 이해할 수 있을 것이다. 유가(儒家)에서 죽음은 죽음으로 끝이다. 생(生)과 사(死)의 단절로 이해할 수 있을 것이다. 기독교에서는 지옥과 천국을 분리하고 있다. 선별로 이해할 수 있을 것이다.

　이렇게 수천 년을 존속해온 종교의 견해도 일치하지 않는다. 수많은 철학자, 사상가들의 견해도 일치하지 않는다. 죽은 자들은 말이 없다. 사(死)는 살아있었던 사람들의 견해이기 때문에 다를 수밖에 없을 것이다. 사(死)는 죽은 자들의 언어이기 때문이다. 사(死)는 산 자의 언어가 아니기 때문이다. 생(生)은 산 자의 언어이고, 사(死)는 죽은 자의 언어일 뿐이다. 산 자가 사(死)라 하는 것은 자신의 사(死)를 미리 인정하는 것일 뿐이다.

　천상병 시인의 혜안이 부럽다.

　'나 하늘로 돌아가리라' 시인은 원래 하늘나라에 살았는데, 잠시 이 땅에 소풍을 왔다가 다시 하늘나라에 올라가겠다고 한다. 시인은 하늘나라에 대해 잘 알고 있었나보다. 하늘을 눈으로 볼 수는 있지만, 정작 하늘나라에 대해 아는 것이 없는데 말이다.

'돌아갈 때가 되면 하늘나라에 가서 지상은 참으로 아름다웠다' 라고 말하겠다고 하신다. 천상병 시인이 20여 년 전에 세상을 떠났으니 하늘나라에 대해서는 너무 잘 알고 계실 것이다. 평생 고난 속에서도 동심으로 사셨던 천상병 시인의 생애를 비춰보면 생전의 사(死)와 사후의 사(死)는 다를 바가 없을 것으로 믿는다. 생전이 소풍이라면 사후도 소풍일 것으로 믿는다.

다만 믿을 뿐이다. 믿음이 실은 죽음을 두렵게 한다. C. 프로우먼의 말처럼 '죽음은 인생의 마지막 가장 아름다운 모험' 일지도 모른다. 다만 죽음이 주는 최고의 위로가 있다면, 세상에 자신을 있게 하신 부모님의 곁으로 간다는 것이리라.

> 살아서도 소풍 죽어서도 소풍이라면 생사가 다르지 않을 텐데…….

파를 다듬으며

남궁준

마룻바닥에 펑퍼짐하게 앉아 파를 다듬는다
요 녀석,
밑동을 뚝 잘라서
한두 겹 벗겨내면
온전히 파지로 가든지,
조각조각 나서 찌개 양념으로 가든지 하겠지
나도 요놈처럼 잘 다듬어져야 할 텐데
팔순이 다된 어머니는 아무 말씀도 없이 파만 다듬고 계신다
아직도 철없는 아들,
얼마나 잘리고, 얼마나 벗겨져야 철이 들는지

파 냄새는 점점 고약해져 가는데……

3부

손에
쥘 것

포부(抱負)

북정가(北征歌)

白頭山石 磨刀盡(백두산석 마도진) 백두산 돌은 칼을 갈아 없애고
豆滿江水 飮馬無(두만강수 음마무) 두만강 물은 말을 먹여 없애리
男兒二十 未平國(남아이십 미평국) 남아 스무 살에 나라를 평정하지 못하면
後世誰稱 大丈夫(후세수칭 대장부) 후세에 누가 대장부라 칭하랴

– 남이장군의 「북정가」

남이섬에 있는 남이섬을 새긴 돌

포부(抱負)는 채찍이다. 말을 타고 말을 그대로 두면 말이 가는 데로 간다. 채찍이 없으면 말에 몸을 맡기는 꼴이다. 채찍이 없으면 원하는 곳에 갈 수가 없다. 채찍을 들어야 원하는 곳을 향할 수 있다. 채찍을 휘둘러야 원하는 목표에 도달할 수 있다.

포부가 없으면 그냥 그대로 사는 것이다. 포부가 없으면 세월에 몸을 맡기는 꼴이다. 포부가 있어야 원하는 삶을 향해갈 수 있다. 포부가 있어야 원하는 목표를 이룰 수 있다. 포부는 미래를 현재에 살게 해주는 채찍이다.

남이장군의 포부는 천하가 요동칠 정도다. 포부가 너무 커서 불안할 정도다. 백두산이 얼마나 커다란가. 높이가 2,750m이고 넓이가 8,052㎢다. 넓이만도 전라북도와 비슷하다. 백두산에 있는 돌을 칼을 갈아 없애겠다니.

두만강이 얼마나 넓은가. 길이가 547.8㎞이고, 유역면적이 32,920㎢이다. 길이가 서울에서 부산까지보다 100km정도 더 길다. 유역면적은 전라북도 면적보다 4배가 더 넓다. 두만강에 있는 물을 말에게 먹여 없애겠다니.

「북정가」는 남이장군이 25세 때 북방 오랑캐를 토벌하고 돌아오면서 지은 시다. 시적 상상력을 감안하더라도 장군의 포부는 담대(膽大)를 넘어선다. 마치 하루에 천리를 달린다는 적토마에 채찍을 휘두르는 것 같다.

포부가 너무 위협적이고, 포부가 너무 단숨에 이루어져서일까. 남이장군은 17세 때에 무과(武科)에 장원급제하여 이시애의 난을 평정하고 전투마다 승리로 이끈 눈부신 공으로 나이 26세에 병조판서에 올랐으나, 28세 때 간신배 유자광이 '남아이십미평국(男兒二十未平國, 남아 스무 살에 나라를 평정하지 못하면)'의 '평국(平國)'을 '득국(得國, 나라를 얻지 못하면)'으로 고쳐 모함하여 역모에 몰려 처형당한다.

역사의 비정을 차치하고서라도 장군의 포부는 가히 기릴만하다. 두만강 물을 말에게 먹이고, 백두산 돌을 갈아 만든 칼을 차고, 채찍을 휘두르며 한반도를 넘어 대륙을 향해 말달렸을 남이장군의 포부는 기려 마땅할 것이다.

포부가 있는 사람은 채찍이 필요 없겠지. 포부가 채찍이 될 테니까.

태사 사 형제의 용기

중국 춘추전국시대 제나라의 실권자 최저가 임금 장공을 시해했다. 이에 태사(太史, 중국에서 역사를 기록하는 관리)가 역사서에 이렇게 기록했다.

'최저가 장공을 죽였다.'

화가 치민 최저가 태사를 불러 그 자리에서 죽여 버렸다. 당시 태사 직은 세습제여서 죽은 태사의 아우가 뒤이어 태사가 되었다. 그는 직책을 받자마자 거침없이 기록했다.

'최저가 장공을 죽였다.'

최저는 다시 그 아우를 죽여 버렸다. 그러자 그 다음 아우가 태사를 맡아 그대로 기록했다.

'최저가 장공을 죽였다.'

최저는 그 아우의 아우를 죽여 버렸다. 하지만 그 밑에도 아우가 있었다. 넷째 아우가 태사가 되어 다시 그대로 기록했다.

'최저가 장공을 죽였다.'

이에 최저는 태사 사 형제와 싸움을 포기하고 그들이 기록한대로 내버려 두었다. 넷째 태사가 무사히 귀가하자 그의 집으로 많은 이들이 몰려왔다. 그들은 모두 남쪽지방에서 올라온 사관들이었다. 그들이 한 목소리로 말했다.

"최저가 당신마저 죽이면 이어서 진실을 적기 위해 도성 앞에 대기하고 있었다오."

– 양태석의 『이야기 속에 담긴 긍정의 한 줄』 중에서

　용기(勇氣)는 죽음 앞에서 간결했다. 용기는, 생사 앞에서도 복잡하지 않았다. 첫째는 응당 죽었다. 둘째는 이어서 죽었다. 셋째도 이어서 죽었다. 넷째는 죽지 않았으나 죽은 것이나 다름이 없다.

　용기는 의기(義氣)와 결기(決氣)가 합해져야 선명하다. 정의로 솟은 의기가 곧은 결기로 끝맺었을 때 용기는 빛을 발한다. 사 형제의 죽음은 선명했다. 하지만 용기가 목숨보다 중하다는 것인가. 곡필하고 타협하며 목숨을 연명하는 것이, 죽는 것보다 불편하다는 것일까.

　사 형제는 하나 같이 절대권력 앞에 무릎을 꿇지 않고 스스럼없이 죽음을 선택한다. 대체 용기를 다스리는 근원은 무엇이란 말인가. 사 형제가 죽음을 불사하고 용기를 발한 근원은 무엇이란 말인가.

　진실이었다. 죽음이 두려운 것이 아니라, 진실이 두려운 것이었다. 용기는 진실 앞에 간결했던 것이다.

　용기는 진실 앞에서만큼은 약한가 보다.

금위대장 이장렴

홍선대원군 이하응은 원래 왕족이었으나 몰락하여 술집이나 전전하며 방탕한 생활을 했다. 하루는 이하응이 기생 춘홍의 집에서 추태를 부리다 금군별장(종 2품 무관) 이장렴과 마주쳤다. 이장렴이 거친 말로 꾸짖자 이하응이 버럭 화를 냈다.

"그래도 내가 왕족이거늘 일개 군관이 너무 무례하다!"

이에 이장렴이 그의 뺨을 후려치며 매섭게 쏘아붙였다.

"왕족이라면 체통을 지켜야지! 이렇게 기생집에서 추태나 부리며 왕실을 더럽혀서야 쓰겠소! 나라 사랑하는 마음으로 뺨을 갈긴 것이니 그리 아시오!"

그 후 이하응의 아들이 왕위를 계승하게 되었는데 그가 곧 고종이다. 이하응도 대원군이 되어 운현궁에 살면서 한 나라를 다스리는 실력자로 군림했다. 어느 날, 대원군이 이장렴을 운현궁으로 불렀다. 이장렴이 방에 들어서자 대원군이 대뜸 그에게 물었다.

"이 자리에서도 내 뺨을 칠 수 있겠는가?"

이장렴은 거침없이 말했다.

"대감께서 아직도 못된 술버릇을 버리지 않았다면 그렇게 할 수 있습니다!"

대원군이 호탕하게 웃었다.

"조만간 춘홍에게 다시 가려 했더니 자네 때문에 안 되겠군. 하하하."

대원군은 이장렴을 극진히 대접하고 한동안 이야기를 주고받았다. 그날 이장렴이 돌아갈 때 대원군은 친히 문 밖까지 나가 배웅했다. 그리고 하인들에게 이렇게 일렀다.

"금위대장이 나가시니 앞을 물리어라!"

그날로 이장렴은 금위대장에 임명되었다. – 월간 〈좋은 생각〉에서

금위대장 이장렴

사납게 말해 금위대장 이장렴의 언행은 가히 참형 감이다. 괘씸죄다. 아무리 왕실이 몰락하여 방탕한 생활을 해 온 이하응이지만, 이하응은 뼛속까지 왕족이다. 거의 60년 동안 세도정치를 일삼아온 안동 김씨 일가의 가랑이 사이도 기는 굴욕도 참아냈다던 흥선대원군이 아니던가. 권력을 틀어쥐면 두고 보자, 이를 갈고 있었을 흥선대원군이 아니던가.

뺨을 맞고 훈계를 들은 것까지는 이하응이 워낙 철딱서니가 없었으니 넘길 만도 하다. 허나 아들을 왕으로 앉히고 섭정까지 하고 있는 최고 권력자가, 이장렴의 거침없는 훈계를 웃어넘기고 외려 국왕 호위와 수도를 책임지는 금위대장으로 앉힌 것은 어찌된 일인가.

반한 것이다. 이장렴의 인품에 반한 것이다. 흥선대원군이 이장렴의 기상에서 품어져 나오는 그의 인품에 반한 것이다.

인상무인(人上無人), 인하무인(人下無人)이라는 말이 있다. 사람 위에 사람 없고, 사람 아래 사람 없다는 말이다. 부처의 말이기도 하다. 위아래를 가리지 않고 틀렸으면 틀렸다고 말하고, 맞았으면 맞았다고 말하는 굽힘이 없는 이장렴의 기개(氣槪)에 흥선대원군이 반한 것이다.

권력과 재물에 굽실거리고 알아서 기는 저급한 인간 군상들의 쓸쓸한 뒷모습을 보면 인간을 향해 던지는 이장렴의 기개는 참으로 반할만하다.

우리는 모두 누군가가 반할만한 어떤 매력을 가지고 있지만, 무엇보다 '인품'으로 반할만한 사람이 되었으면 좋겠다.

열정(熱情)
강철나비

 1985년 동양인 최초로 스위스 로잔 발레 콩쿠르 그랑프리, 1986년 최연소 슈투트가르트 발레단 입문, 1996년 슈투트가르트 발레단 수석 무용수, 1999년 무용계의 아카데미상 '브누아 드 라 당스'의 최고 여성 무용수 선정, 1999년 대한민국 보관문화훈장, 2007년 독일 뷔르템베르크 궁정무용가 칭호 수여⋯⋯.

 이는 강철나비라 불리는 발레리나 강수진의 프로필이다. 그녀는 하루에 10시간 연습하는 날이 허다하고 때로는 19시간씩 연습하기도 한다. 헤져서 못 신는 토슈즈가 한 시즌에 150켤레, 1년에 1,000켤레나 된다고 한다.
 한때 그녀의 발이 네티즌 사이에 화제가 된 적이 있다. 발가락이 굳은살이 험하게 박인 그 발은 그야말로 흉측했다. 하지만 처음으로 흉측한 발이 아름답다는 것을 깨우쳐준 발이기도 하다. 그녀는 한 인터뷰에서 이렇게 말했다.
 "아침에 눈을 뜨면 어딘가가 아파요. 아픈 것도 무용수 삶의 일부분이죠. 오히려 아무 데도 아프지 않으면 어제 연습을 게을리 한 건 아닌가 걱정이 됩니다."
 흉한 발에 대해 기자가 묻자 그녀는 또 이렇게 말했다.
 "사람들은 대부분 최선을 다하지 않는 것 같아요. 80퍼센트 정도 노력하고 나머지 20퍼센트는 자신과 타협하죠. 전 타협하지 않아요. 20퍼센트도 연습으로 채우죠. 그래서 제 발이 좀 고생이지만 앞으로도 크게 달라지지는 않을 거예요."
 자신에게 그토록 가혹할 수 있다니 놀랍다. 강수진을 왜 강철나비라 부르는지 알 것 같다. – 양태석의 『이야기 속에 담긴 긍정의 한 줄』 중에서

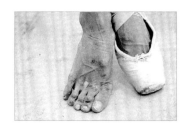

발레리나 강수진의 발   발레리나 강수진

　열정(熱情)은 위태롭다. 열정은, 마치 고지전에서 적진을 향해 돌진하는 병사처럼 위태롭다. 죽기 아니면 살기다. 퇴로가 없다. 오직 앞으로만 길이 있다. 적을 쓰러트리고 고지를 점령하지 못하면 그것으로 끝이다.

　'열정'을 '연료'로 비유한 스티븐 스코트의 언급도 일리가 있다. 용광로 속에 든 광석은 타오르는 것 말고는 다른 것을 용납하지 않는다. 광석은 꺼지지 않는다. 광석은 식지 않는다. 한 번 타오른 열정은 조절할 수가 없다. 열정은 꺼지는 것이 아니다. 열정은 식는 것이 아니다. 열정은 타오를 뿐이다.

　사람이 열정의 손길에 이끌리게 되면 참으로 혹독하다. 자신의 몸이 연료가 될 수밖에 없다. 몸이 망가질 수밖에 없다. 정신은 어찌 멀쩡할 수 있겠는가. 열정을 유발시킨 동기가 우연이든, 필요든, 사명이든, 열정은 열정의 길을 갈 뿐이다.

　세계 정상의 강철나비 강수진 발레리나의 발을 보라. 안타까울 만큼 흉측하다. 열정의 상흔이다. 열정은 0.1%도 다른 것과의 타협을 용납하지 않는다는 증거이다. 열정이 성공을 선물한다 하지만 열정은 위태롭기만 하다.

열정으로 세계 정상에 우뚝 선 강수진 발레리나에게 찬사와 함께 경의를 표한다. 성공의 다른 이름 열정. 여러분 모두가 살아가면서 한두 번 정도는 열정의 손길에 닿기를 바란다.

나폴레옹과 손금

나폴레옹이 이탈리아 원정을 준비하고 있을 때다.

나폴레옹은 원정을 앞두고 점을 치는 산파를 찾아가 손금을 본다.

산파는 이야기한다.

"손금이 너무 좋다. 그런데 중간의 한 부분이 끊어져 있다. 그 끊어진 부분 때문에 원정은 실패할 것이다."

그 이야기를 들은 나폴레옹은 결연한 의지로 칼을 뽑아 손금의 끊어진 부분을 그어 버렸다. 끊어진 손금을 칼에 베인 상처로 이어버린 것이다.

그리고 홀연히 원정을 떠났다. 그렇게 그는 알프스를 넘었다.

– 황상윤의 『철학으로 수다 떨기』 중에서

알프스를 건너고 있는 나폴레옹

정치군사적 천재로서 세계사상 알렉산드로스 대왕이나 카이사르와 비견되는 나폴레옹이 한갓 산파의 요설에 휘둘려 칼을 뽑아 끊어진 손금을 이었다니 참으로 믿기지가 않는다. 운명을 더듬어 볼 단서를 고작 산파의 점괘에서 찾았다는 것은 더더욱 이해하기가 어렵다. 뜻이 가상하면 점괘든 뭐든지 간에 의지(依支)하는 것이 과연 온당한 것인지도 의문이다.

과연 나폴레옹은 점괘에 따라 승리를 자신하고 원정을 결행했을까. 물론, 결과는 성공이었다. 나폴레옹은 알프스를 넘어 이탈리아 원정(1796)에서 승리한다.

그렇다면 나폴레옹이 산파의 점괘를 따랐기 때문에 전투에서 승리를 했던 것일까. 이후의 전투에서 결과는 달랐다. 나폴레옹은 영국의 넬슨 제독에게 아부키르 해전과 트라팔가 해전(1805)에서 패배한다. 러시아전(1812)에서도 패배하고 벨기에의 워털루 전투(1815)에서도 패배하여 영국군의 포로가 되어 세인트헬레나 섬에 유배되기까지 한다.

앞뒤가 맞지 않는다. 이탈리아 원정에서 산파의 점괘를 따랐기 때문에 승리했다면 다른 전투에서도 마땅히 산파의 점괘를 따랐을 것이고 또한 승리했을 것이다.

정사(正史)가 아니라 야사(野史)여서 이야기의 신빙성은 떨어지지만, 천하의 나폴레옹이 실제 점괘에 의지하여 원정을 결행했다면 이면을 봐야 할 것이다. 이야기 자체에 의의가 있다는 것이다. 사실여부를 떠나 나폴레옹의 이야기를 통해 우리가 뭔가 깨달음을 얻는 것이 중요하다는 것이다. 만약 나폴레옹이 점괘에 따라 원정을 결행했다면 필시 원정에 부정(不淨)을 탈만한 어떤 것도 용납하지 않겠다는 결연한 의지에서 비롯되었을 것이다.

　인간이 운명을 거스를 수는 없겠지만, 불운할 운명을 칼로 손금을 베어서라도 자신이 원하는 운명으로 바꿔보려 했던 나폴레옹의 결연한 의지. 우리가 진정 배워야 할 것은 무조건 운명에 순응하지 않고, 운명을 뛰어 넘어보려는 나폴레옹의 결연한 의지가 아닐까. 운명의 주인은 운명이지만, 삶의 주인은 우리 인간이기 때문이다.

> 의지는 신의 영역이 아니라 인간의 영역이다. 신의 뜻과는 별개로, 성패를 불문하고, 인간이 인간 스스로 세운 뜻을 오롯이 이루고자 하는 인간의 불굴의 정신이 의지이다.

도요새의 비밀

너희들은 모르지 우리가 얼마만큼 높이 날으는지
저 푸른 소나무보다 높이 저 뜨거운 태양보다 높이
저 무궁한 창공보다 더 높이
너희들은 모르지 우리가 얼마만큼 높이 오르는지
저 말없는 솔개보다 높이 저 볏 사이 참새보다 높이
저 꿈꾸는 비둘기보다 더 높이
도요새 도요새 그 몸은 비록 작지만, 도요새 도요새 가장 높이 꿈꾸는 새

너희들은 모르지 우리가 얼마만큼 멀리 날으는지
저 밑 없는 절벽을 건너서 저 목마른 사막을 지나서
저 길 없는 광야를 날아서
너희들은 모르지 우리가 얼마만큼 빨리 날으는지
저 검푸른 바다를 건너서 저 춤추는 숲을 지나서
저 성난 비구름을 뚫고서
도요새 도요새 그 몸은 비록 작지만, 도요새 도요새 가장 멀리 나는 새
도요새 도요새 그 몸은 비록 작지만, 도요새 도요새 가장 높이 꿈꾸는 새

– 정광태의 노래 〈도요새의 비밀〉

　새는 전 세계적으로 9,000여 종류가 있다고 한다. 도요새가 처음부터 높이 날고, 처음부터 멀리 날고, 처음부터 빨리 나는 새는 아니었을 것이다. 도요새가 처음부터 가장 높이 날고, 처음부터 가장 멀리 날고, 처음부터 가장 빨리 나는 새는 더더욱 아니었을 것이다.

　어떤 새든 태어나고 자라고 성장하기까지 많은 세월을 보내야 한다. 정상적으로 세월을 보내야 정상적으로 세상에 나갈 수 있다. 정상은 특별할 게 없고, 탈이 없는 평범한 수준을 이른다. 대다수가 평범한 수준에 머무른다. 수많은 시련과 위기를 넘겼어도 평범한 수준에 머무른다. 비범은 또 다른 것이다.

　도요새는 비록 몸은 작지만 가장 높이 날고, 가장 멀리 날고, 가장 빨리 나는 새다. 약하지만 가장 강한 비범한 새다.

　"너희들은 모르지?"

　도요새의 첫 질문이 예사롭지 않다. 알아달라는 말일까. 몰라준다고 하소연하는 말일까. 가장 높이 꿈꾸는 새의 비애(悲哀)일까. 삶의 여정이 순탄하지 않음으로 읽힌다. 다른 새와는 다른 무엇이 있을 것이다. 다르게 태어나고, 다르게 자라고, 다르게 무엇을 했을 것이다.

　세상은 같도록 요구한다. 다르면 곱게 보지 않는다. 같지 않으면 잘못된 것이다. 같은 생각을 해야 하고, 같은 행동을 해야 한다. 같은 생각을 하지 않으면 이상한 것이다. 같은 행동을 하지 않으면 이상한 것이다. 모난 돌이 정을 맞는다. 아닌 척하고 살아야 살 수 있다. 모른 척 하고 비켜가야 한다. 미친 척 하고 살아야 한다. 자신을 속이고 살아야 한다. 이 세상에서 가장 못난 것처럼 살아야 살 수 있다.

　"너희들은 모르지?"

왜 누구든 붙들고 얘기하고 싶지 않겠는가. 하지만 알아달라고 해도 알아듣지 못하는데 어찌 붙들고 다 얘기할 수 있겠는가. 평범이 어찌 비범을 알 수 있겠는가. 일일이 대응하고 맞설 수도 없는 노릇이다.

적수가 너무 많아서가 아니다. 일일이 대응하고 맞서다, 가장 높이 꿈꾸는 세계를 잃는 것이 두려운 것이다. 누구도 나를 지켜줄 수는 없다. 나는 나를 지켜야 한다.

"너희들은 모르지?"

절치부심(切齒腐心)하는 말이 아니다. 남을 탓하는 말도 아니다. 누구 들으라고 하는 말도 아니다. 홀로 하는 말이다. 자신을 지키기 위해 자존(自尊)하는, 가장 높이 꿈꾸는 자의 비밀의 주문(呪文)인 것이다.

가장 높이 꿈꾸는 자는, 아무도 모른다. 오직 자신만이 알 뿐이다.

기회의 생김새

그리스 시라쿠사 거리에는 동상이 하나 서있다. 각지에서 온 관광객들은 이 동상을 보고 처음에는 모두 웃는다. 그 동상은 앞머리는 털이 무성하고, 뒷머리는 대머리인데다가, 발에는 날개가 있는 이상한 모습을 하고 있기 때문이다. 하지만 동상 아래에 새겨진 글을 보면 큰 감명을 받는다.

앞머리가 무성한 이유는 사람들이 나를 보았을 때 쉽게 붙잡을 수 있도록 하기 위함이고, 뒷머리가 대머리인 이유는 내가 지나가면 사람들이 다시는 붙잡지 못하도록 하기 위함이며, 발에 날개가 달린 이유는 최대한 빨리 사라지기 위함이다. 나의 이름은 '기회'이다.

– 〈사랑밭 새벽편지〉 중에서

동상의 주인공은 제우스의 아들인 카이로스, 기회(機會)의 신이다. 기회의 신 카이로스는 앞에서는 누구나 쉽게 머리털을 움켜질 수 있으나, 한 번 지나가면 뒤에서는 잡아 챌 머리털이 없다. 기회는 다시 돌이킬 수 없다는 뜻을 담고 있다.

기회의 신, 카이로스

동상의 손을 살펴보면 한 손에는 저울을, 다른 한 손에는 칼을 들고 있다. 기회가 앞에 있을 때에는 재빠르게 저울을 꺼내 판단하고, 칼같이 결행해야 한다는 것이다. 카이로스의 발뒤꿈치에는 날개가 있어서, 기회는 늘 달아날 준비를 하고 있기 때문이다. 기회 앞에서 졸고 있거나 우물쭈물 하는 사람은 결코 카이로스의 머리털을 움켜질 수가 없다는 것이다.

문제는 기회가 앞에 있는데도 그것이 기회인지 아닌지를 분별하지 못하는 데에 있을 것이다. 머리털이 기회인지 아닌지를 분별하지 못하는 데에 있다는 것이다. 머리털을 사전에 생각하고 있다가 머리털을 발견한 사람은 머리털이 기회라는 것을 금방 알아차리고 머리털을 쉽게 붙잡을 수 있을 것이다.

머리털은 무엇일까? 머리털은 마음속에 품고 있었던 어떤 것이 아닐까. 마음속에 품었던 목표가 밖으로 나타나는 것이 아닐까? 밖으로 나타난 것이 머리털이고 기회가 아닐까?

목표가 있어야 목표를 이루게 해줄 머리털을 취할 수 있다는 것이다. 목표가 없거나 목표가 불문명하면 기회는 바람처럼 흔적도 없이 사라질 것이다. 기회는 목표가 명료했을 때 포착될 수 있는 것이다. 기회는 목표가 명료한 사람에게 돌아간다는 것이다. 결국 목표가 곧 기회가 되는 것이다.

기회를 노리거든 우선 목표를 야무지게 세워라. 그리고 목표를 향해 가다 보면 눈앞에 기회가 선명하게 보일 것이다.

꿈(夢)
세계에서 가장 가난한 대통령

우루과이의 호세 무히카 대통령은 예금할 돈이 없기 때문에 은행계좌가 없다. 재산이라고는 87년형 폭스바겐 차 한 대가 총재산이고, 한 달에 약 774달러(84만 원)만으로 생활을 한다.

우루과이는 남미에서 아르헨티나 칠레에 이어 세 번째로 발전된 나라이다. 1인당 GDP가 1만 5,656달러이며, 여러 유럽 국가가 경제위기를 겪고 있지만, 우루과이는 불황 없이 플러스 성장률을 지속하는 나라이다. GDP 성장률은 2010년 8.5%, 2011년엔 6%였다.

이렇게 부자나라 대통령인데도 돈이 없는 이유는, 월급의 약 90%를 자선단체들에 기부하기 때문이다. 대통령궁도 별도로 있지만 대통령궁은 노숙자 쉼터로 내주었고, 대통령 본인은 허름한 집에서 출퇴근 하고, 집에서 부인이 일군 채소, 농산물로 밥을 먹고 생활하고 있다.

이러한 대통령의 솔선수범으로 우루과이는 중남미에서 칠레 다음으로 부패가 적은 국가가 됐고, 삶의 질에 있어서도 아르헨티나에 이어 두 번째로 높은 나라가 되었다.

무히카 대통령은 동네 평범한 음식점에서 식사를 하고, 직접 변기뚜껑을 사러 돌아다닌다. 운동장에서 아이들이 축구를 하면 다가가 응원하는 등 서민적이고 소탈한 모습을 변함없이 보여 주고 있다.

– 무히카 대통령: 1935년생으로, 1960~1970년대 반정부 게릴라 조직에 가담하다 체포되어 14년간 수감 생활을 했으며, 2차례 탈옥을 감행했다. 상원의원, 농목축수산부 장관에 이어 2009년 대통령으로 당선되어 현재에 이른다.

우루과이 호세 무히카 대통령 　　　　　폭스바겐 차에서 내리는 무히카 대통령

꿈(夢)은 가난할 수 없을까. 꿈을 이뤄서 얻어지는 것들이 보잘 것 없으면 안 되는 것일까. 권력은 작은 것이고, 명예는 소소한 것이고, 돈은 미미한 것이면 안 되는 것일까.

우리가 꾸는 꿈들은 너무나 탐욕스럽다. 너무나 무겁다. 몇 가지에 몰려 있다. 대다수의 사람들의 꿈이 피라미드 꼭지에 몰려 있으니 꿈은 대다수 사람에게 절망을 안길 뿐이다. 짓누르는 피라미드에 대다수가 고통스러워한다. 꿈으로 다수는 절망하고, 소수는 허무해 한다.

만약 모든 사람의 꿈이, 모든 사람의 수만큼 다르다면 어떨까. 꿈은 더 이상 성공과 실패의 도구가 되지 않을 것이다. 누구나 꿈을 꾸고, 누구나 꿈을 이룰 수 있기 때문이다. 이런 가정이 불가능할까. 우루과이 호세 무히카 대통령이 '가난한 꿈의 아름다운 가치'를 증거하고 있는 것은 아닐까.

누구나 꿈을 꾸고 꿈을 이룰 수 있는 세상. 누구나 아름다운 삶일 때 자신의 삶도 아름다워지리라.

재상지언(宰相之言)

　문절공(文節公) 주열(朱悅, ?~1287)은 고려 때의 명신이다. 성품이 맑으면서도 강직하였으며, 시문과 글씨에도 능했다. 그가 아직 벼슬이 높지 않았을 때의 일이다. 공무 때문에 어떤 재상을 만났는데, 꼿꼿이 앉은 채로 듣고 있었다. 그것을 본 재상은 못마땅한 표정으로 나무랐다.

　"재상이 말을 할 때는 엎드려서 들어야지!"

　그러자 그는 대뜸 반박을 한다.

　"그렇다면 임금이 말씀을 하실 때는 땅을 파고 들어가서 들어야겠군요."

　宰相之言伏地聽(재상지언복지청) 재상의 말을 땅에 엎드려 들어야 한다면,
則君上之言當掘地聽乎(즉군상지언당굴지청호) 임금의 말은 땅을 파고 들어가 들어야 하는지요.

　- 이학규(李學逵, 조선 후기 문인)의 『낙하생집(洛下生集)』에서

'예(禮)'는 그림자처럼 붙어 다닌다. 떼어내기조차 어렵다. 피해가기도 곤혹스럽다. 눈을 뜨면 발걸음을 따라, 예가 따라다닌다. 예가 아닌 것이 없다. 가는 곳마다 예가 있고, 사사건건마다 예가 있다. 예같이 고생스러운 언어가 있을까.

눈빛에도 예가 있다. 함부로 째려볼 수도 없다. 시선을 두는 것에도 예가 있다. 말씨에도 예가 있다. 함부로 언성을 높일 수도 없다. 소리의 크기에도 예가 있다. 몸짓에도 예가 있다. 함부로 동작할 수도 없다. 몸가짐에도 예가 있다. 참으로 불편한 것이 예이다. 무례하면 싹수가 없다는 둥, 버르장머리가 없다는 둥 심한 소리까지 듣기도 한다.

예는 상대적이어서 정도를 가늠하기도 쉽지 않다. 사람마다 다르다. 어디까지가 예이고, 어디까지가 결례인지 판단하기가 쉽지 않다. 예는 자신이 결정하는 것이 아니라, 다른 사람이 결정하기 때문이다.

문제는 끝 간 데 없는 예가 무엇인지도 모르고 시달린다는 것이다. 일상생활에서 예는, 예가 무엇이고 왜 예를 해야 하는지도 모른 채 예에 강요당한다는 느낌을 지우기 어렵다. 대체 '예'는 무엇이고, 왜 '예'를 해야 하는 것일까.

예(禮)는 본시 고대 사회에서 복을 받기 위해, 신을 섬기는 일에서 비롯되었다고 한다. 일종에 구복에서 시작되었다. 예는 유교의 영향으로, 관계의 질서를 규정하면서 체계화 된다. 예는 유교의 삼강오륜에 뿌리를 두고 군신, 부자, 부부, 어른과 어린이, 친구 등 관계를 규격화하는 세세한 틀을 갖추게 된다.

　근대 이후 민주주의 이념이 보편화되면서 관계는 수직에서 수평으로 전환되어 왔고, 현대에 이르러 수직에서 수평으로 급속하게 이동하고 있다. 오늘날 예는 엄격한 형식을 지양하고, 예의 본질적 가치를 원형으로 둔 채 변모해 가고 있다.

　예(禮)를 정립하기 위해, 예에 대한 몇 가지 질문을 던져보자. 예는 사람 이외에 다른 동물에게도 있는가? 예는 '자신'에게 이로운 것인가? 예는 자신 이외에 다른 사람에게도 이로운 것인가? 질문의 답을 추려보면, 사람에게만 있는 예는 '나'에게도 이롭고 '타인'에게도 이로운 것이어야 한다.

　예는 인간을 인간으로서 서로 인정하고, 서로에게 이로워야 한다는 본질적 가치를 추구하고, 서로 받아들일 수 있는 형식까지만을 예로 허용한다는 결론에 이른다. 문절공 주열의 사례는, 예(禮)가 인간관계에 필요하지만 예가 사람 위에 군림해서는 안 된다는 것을 일깨우고 있다. 예는 인간관계의 목적일 뿐, 수단이 되어서는 안 된다는 것이다.

　예(禮)는 사람을 쉽게 생각하지 않는 것, 사람을 어렵게 생각하는 것이 예가 아닐까.

비상과 극약을 섞어 지은 약을 먹은 우암 송시열

17세기 조선조 당쟁이 가장 치열 했던 시기에 서인(西人)의 영수(領袖)였던 우암(尤庵) 송시열(宋時烈)과 남인(南人)의 영수였던 미수(眉叟) 허목(許穆)은 시종일관 대결 구도 속에서 한 사람이 승(勝)하면 한 사람은 패(敗)하는 서로 원수 사이였다.

그러던 어느 날, 우암이 중병에 걸려 여러 가지 약을 써 봐도 효험이 없어 고생을 하고 있었다. 우암은 미수가 의술에 능하다는 것을 아는지라 비록 정적일망정 내 병은 미수가 아니면 못 고친다는 생각으로, 하루는 아들을 불러 미수에게 가서 증세를 말하고 약을 구해 오도록 하였다.

죽느냐 죽이느냐 하는 정적에게 약을 구한다는 것은 주검을 자청하는 것과 마찬가지인지라 그 아들은 의아하게 생각했다. 그래도 아버지의 명인지라 미수에게 가서 아버지의 병 증세를 말하니 주저하지 않고 빙그레 웃으면서 약을 지어 주었다.

그런데 그 약에는 비상(砒霜)과 극약(劇藥)이 들어있었다. 비상(砒霜)은 맛만 보아도 죽는다는 것을 삼척동자도 다 아는지라 그 아들은 격분해서 항의를 하자 미수는 가지고 가서 드시면 나을 것이라고 태연하게 말하였다.

돌아온 아들은 사실을 그대로 고했고, 당연히 가족들은 크게 노하며 약을 먹지 못하도록 했지만, 우암은 아무 의심 없이 그 약을 먹고 나서 병을 나았다.

비상과 극약이 섞인 약을 지어준 미수의 생각은, 약이란 상생상극(相生相剋)이 있는 것이므로 우암은 이 약을 써야 나을 것이나 그가 이 약을 먹을 만큼 담력이 없을 것이니 결국 죽을 사람이라고 생각했고, 우암은 미수가 정적이기는 하나 적의 병을 이용해서 약으로 죽일 그런 인물이 아니라는 생각이었던 것이다.

우암(尤庵)이 그 약을 먹고 병이 완쾌되었다는 소식을 들은 미수는 무릎을 치면서 그 대담성에 재삼 차탄하였고, 우암 역시 미수의 도량에 감탄하였다.

　믿음(信)은 상자를 보는 것이 아니라 상자 속을 보는 것과 같다. 상자를 열어보기 전에 상자 속을 보는 것이 믿음이다. 믿음은 눈에 보이지 않지만, 눈에 보이지 않아도 보이는 것이 믿음이다.

　믿음은 사실 여부와 관계가 없다. 믿음은 사실 여부를 가리기 이전에 대상이나 상대에게 갖는 마음가짐이기 때문이다. 믿음은 대상이나 상대에 대해 사전(事前)에 마음속에 자리 잡은 어떤 확증 같은 것이다. 믿음은 적지 않은 세월을 통과해야 한다는 말일 것이다.

　누군가가 다짜고짜 1억 원을 빌려달라고 한다. 빌려줄 수 있는 사람은 무엇을 믿고 1억 원을 빌려주겠는가. 1억 원 이상의 담보가 있으면 모를까 1억 원을 빌려주는 사람은 거의 없을 것이다. 빌려준다면 그것은 믿음이 아니라 도박이다. 믿음은 과거가 만들어 주는 현재이고 미래이기 때문이다. 믿음은 확인할 수 있는 것이 아니라 앞으로 드러날 뿐이다.

　그렇다면 믿음은 어떻게 생기는 것일까. 믿음이 생기는 것은 지극히 단순하다. 해를 해로 믿는 것은, 해가 변함없이 동쪽에서 떠서 서쪽으로 졌기 때문에 해로 믿는 것일 것이다. 별을 별로 믿는 것은, 별이 밤하늘에 변함없이 있었기 때문에 별로 믿는 것일 것이다. 어쩌면 하느님을 믿는 것도, 하느님이 변함없이 하늘에 있을 거라는 것을 믿기 때문에 하느님을 믿는 것일 것이다. 사람도 변함없이 그 자리에 그대로 있을 때 믿음이 생기는 것이다.

　영어에서 믿음은 'belief'이다. 'belief'는 '살아서(lief) 그 자리에 있다(be)'라는 뜻이다. 믿음은 죽지 않고 살아서 늘 그 자리에 있을 때 생기는 것이다. 믿음은 변함없는 불변(不變)이 만든다는 것이다. 믿음은 불변이 만들어주는 마음의 증표인 것이다. 변함없이 항상 그 자리에 있을 때 믿을 수 있는 사람이 될 수 있는 것이다.

우암 송시열 선생이 자신의 생명을 담보로 정적 미수 허목에게 약을 지어 먹은 것은, 분명히 미수에게 오랜 세월 동안 변함없이 항상 있었던 어떤 믿음에서 근거했을 것이다. 독약인지 아닌지 가릴 수 있을 만큼, 즉 생사를 가를 만큼 극명한 것이 보이지는 않지만 보이는 믿음인 것이다.

당신은 누군가에게 믿음을 주는 사람인가? 처음부터 끝까지 변함없는 사람만이 누군가의 믿음을 얻게 된다.

진국(眞국)
우려먹을 것

국문학자 양주동 박사의 강의는 언제나 만석이었다고 한다. 단, 앞자리는 항상 비어 있었다. 왜냐하면 양 박사의 구강 상태가 고르지 못하기도 했지만, 워낙 거칠게 열강을 해서 침이 심각하게 튀었기 때문이다.

어느 날 양주동 박사가 강의를 하는데 한 학생이 손을 들어 질문을 했다.

"교수님, 그 내용은 지난번에 하신 겁니다."

그러자 양주동 박사가 껄껄 웃으면서 답했다.

"학생! 소 뼈다귀도 몇 번씩 우려먹는데 내 얘기를 두 번 우려먹었다고 문제가 되나? 좋은 것을 반복하는 것은 기적을 만들지만, 나쁜 것의 반복은 적을 만들 뿐이라네. 좋은 생각, 좋은 습관 그리고 좋은 태도를 끝없이 우려야 진국이 나온다네."

– 최규상, 황희진의 『365일 유머 넘치는 긍정力사전』 중에서

　'우려먹다'의 사전적 의미는 '남을 위협하거나 달래거나 하여 먹다', '여러 차례 반복하여 써먹다'로 되어 있다. '어떤 것을 바닥날 때까지 거듭 반복하여 뽑아내다'는 말로 풀이 된다. 의미가 다소 부정적이다. 창의적이지도 못하다.

　하지만 우려먹을 대상에 따라서는 결과가 극명하게 갈린다. 양주동 박사는 나쁜 것의 반복은 적을 만들지만, 좋은 것의 반복은 기적을 만든다고 말한다. '바늘 도둑이 소 도둑 된다'는 속담이 나쁜 것의 반복이 적을 만든다는 것이라면, '물방울이 바위를 뚫는다'는 속담은 좋은 것의 반복은 기적을 만든다는 것일 것이다. 가히 '반복의 위력'을 가늠할 수 있는 속담들이다.

　나쁜 것은 가려먹어야겠지만, 좋은 것은 가마솥에 두고두고 우려먹을 일이다. '좋은 생각', '좋은 습관', '좋은 태도' 등 좋은 것들의 무한 반복은 '기적의 문'을 열 수 있게 하기 때문이다.

　지금부터라도 여러분이 "저 사람은 참 진국이야!"라는 말을 들을 수 있도록 좋은 것들을 반복했으면 좋겠다.

한 번에 한 사람씩

난 결코 대중을 구원하려고 하지 않는다. 다만 한 개인을 바라볼 뿐이다.

나는 한 번에 단지 한 사람만을 사랑할 수 있다. 한 번에 단지 한 사람만을 껴안을 수 있다. 단지 한 사람, 한 사람, 한 사람씩만……

따라서 당신도 시작하고 나도 시작하는 것이다. 난 한 사람을 붙잡는다. 만일 내가 그 사람을 붙잡지 않는다면 난 4만 2천 명을 붙잡지 못했을 것이다.

모든 노력은 단지 바다에 떨어뜨리는 한 방울의 물과 같다. 하지만 내가 그 한 방울의 물을 떨어뜨리지 않는다면, 바다는 그 한 방울만큼 줄어들 것이다.

단지 시작하는 것이다. 한 번에 한 사람씩……

– 마더 테레사

마더 테레사

사람은 존재를 자각하면서 외로움을 느낀다. 외로움은 대상을 갈망하게 된다. 득인(得人)하려 한다는 것이다. 즉, 필요한 사람을 찾는다는 것이다. 누구나 살면서 친구를 찾고, 배우자를 찾고, 동료를 찾는 등 필요한 사람을 찾는다.

필요한 사람이 한 명이면 족하다는 사람도 있고, 많을수록 좋다는 사람도 있다. 하지만 필요한 사람을 얻기란 쉽지가 않다. 찾아봐도 눈에 들어오는 사람이 드물고, 찾았어도 자기의 사람으로 만들기는 어렵다.

마더 테레사는 사람을 얻는 방법을 제시한다. '한 번에 한 사람씩'이다. 1대 다(多)가 아니라, 1대 1 방식이다. '사랑으로, 오직 한 명에게 혼신을 다하라'이다. 한 명을 얻은 후에 비로소 또 다른 한 사람을 얻는 방법이다.

방법은 대략 3단계를 제시한다. 첫 번째는 '한 사람을 바라본다'고 했다. 섬세한 관찰로 이해한다. 그 사람이 무엇이 필요한지를 찾아내는 것일 것이다. 두 번째는 '한 사람을 껴안는다'고 했다. 그 사람이 필요한 것을 채워준다는 것으로 이해한다. 그 사람을 얻으려면 그 사람이 무엇이 필요한지를 찾아내서 필요를 채워준다는 것일 것이다. 마지막 세 번째는 '한 사람을 붙잡는다'고 했다. 놓아주는 것이 아니라 붙잡는다고 했다. 억지로 붙드는 것이라기보다는 끝없이 세심한 배려를 한다는 것으로 읽힌다.

그렇게 해서 마더 테레사는 4만 2천 명을 얻었다고 말한다. 평생을 낮은 자의 자세로 가난한 사람들을 위해 헌신했던 마더 테레사. 그 분의 '사람을 얻는 방법'은 별난 것일까?

자신에게 필요한 사람을 진정 얻고 싶다면, 그 사람에게 무엇이 필요한지를 찾아내서 필요를 채워줘라.

밥값

어머니
아무래도 제가 지옥에 한번 다녀오겠습니다
아무리 멀어도
아침에 출근하듯이 갔다가
저녁에 퇴근하듯이 다녀오겠습니다
식사 거르지 마시고 꼭꼭 씹어서 잡수시고
외출하실 때는 가스불 꼭 잠그시고
너무 염려하지는 마세요
지옥도 사람 사는 곳이겠지요
지금이라도 밥값을 하러 지옥에 가면
비로소 제가 인간이 될 수 있을 겁니다

– 정호승의 시 「밥값」

밥은 생명과 직결된다. 생명을 유지하기 위해서는 값을 치러야 한다. 밥값은 개체가 생존하기 위한 대가이다. 밥값을 못하면 개인의 생존이 위태로운 것은 물론 개인의 주변을 위협한다.

밥값을 못하는 자식은 지옥행을 결심하고 어머니께 고한다. 지금이라도 밥값을 하러 지옥에 가겠다는 것이다. 밥값을 못하는 인간이 어찌 인간이냐는 것이다. 지옥은 이승에서 흉악한 범죄나 저지른 사람이나 가는 곳인데, 자식은 밥값을 못한다고 지옥에 간다는 것이다.

지옥을 너무 만만하게 본다. 지옥을 출퇴근 하듯이 다녀오겠다고 한다. 이승에서 밥값을 못하는 것이 지옥에 가는 것과 다를 바 없다는 것일까. 현실 상황이 지옥과 다를 바 없다는 것일까.

지옥에 가기 전에 밥값을 다 하신 어머니를 걱정하는 것을 보면, 밥값을 못하고 있는 자식의 결연한 의지가 보인다. 혹시라도 지옥에 갔다 못 돌아오면 지옥에서라도 밥값을 하겠다는 자식의 결연한 의지로 읽힌다. 생존은 참으로 엄숙하다. 생존이 참으로 엄숙하기에, 인간이 참으로 존엄하게 다가온다.

밥값을 하고 있는 순간만큼 엄숙한 순간이 있을까. 여러분은 지금 밥값을 하고 있는가?

마음의 평화

늘 우리의 내부에 깃들어 있으면서 우리를 떠나지 않는 그런 마음의 평화는 존재하지 않는다.

마음의 평화는 언제나 되풀이되는 부단한 투쟁에 의해서 나날이 새롭게 쟁취하지 않으면 안 되는 것.

모든 정의로움이 그러하듯이 마음의 평화는 투쟁이고 희생이다.

– 헤르만 헤세의 『지와 사랑』 중에서

일상을 사는 우리는 하루도 편할 날이 없다는 말을 입버릇처럼 한다. 마음을 괴롭히는 것들이 주변에 상존하기 때문일 것이다. 사실 심기(心氣)를 건드는 것들이 주변에 널려 있다. 발길이 닿는 대로, 눈길이 가는 대로 마음을 불편하게 만드는 요인들이 즐비하게 도사리고 있다.

피한다고 불편이 가신다면 피하겠지만, 피한다고 불편이 가시는 것은 아니다. 오히려 찜찜하고 다시 찾아올 불편에 시달린다. 마음의 평화는 감정이 고른 청정(淸靜)한 상태, 곧 영혼이 맑고 고요한 상태를 이른다. 감정이 격하거나 혼란스러우면 마음이 평화로울 수가 없을 것이다.

그렇다면 그러한 마음의 평화는 어떻게 찾아오는 것일까. 헤르만 헤세는 단호하다. 헤세는 마음의 평화는 마음속에 내재(內在)하는 것이 아니며, 투쟁을 통해 쟁취해야 한다고 선언한다.

마음의 평화는, 평화를 저해하는 것들과 과감히 맞서서 승리해야만 얻을 수 있다는 것이다. 평화의 적들에게 물러서지도 말고, 피하지도 말라는 것이다. 아니면 과감히 희생하라고 말한다. 평화의 적들에게 지는 것이 아니라 져주라고 말한다. 지는 것이 이기는 것이 될 수 있고, 지는 것이 싸우지 않고 이기는 방법일 수도 있을 것이다.

결국 마음의 평화는 자신의 의지에 달려있다는 것이다. 마음의 평화는 투쟁하든 희생하든 자신의 선택에 달려있다는 것이다.

> 마음의 평화는 투쟁이나 희생에 의해 얻어질 수 있다? 그래서 나에게 마음의 평화가 찾아오지 않았나 보다.

도하(渡河)

빈 배(虛舟)

한 사람이 배를 타고 강을 건너다가 빈 배가 그의 배와 부딪치면, 그가 아무리 성질이 나쁜 사람일지라도 그는 화를 내지 않을 것이다. 왜냐하면 그 배는 빈 배이니까.

그러나 배 안에 사람이 있으면, 그는 그 사람에게 피하라고 소리칠 것이다. 그래도 듣지 못하면 그는 다시 소리칠 것이고, 마침내는 욕을 퍼붓기 시작할 것이다. 이 모든 일이 그 배 안에 누군가 있기 때문에 일어난다.

그러나 그 배가 비어 있다면, 그는 소리치지 않을 것이고 화내지도 않을 것이다.

세상의 강을 건너는 그대 자신의 배를 빈 배로 만들 수 있다면, 아무도 그대와 맞서지 않을 것이다. 아무도 그대를 상처 입히려 하지 않을 것이다.

– 장자(莊子, BC 4세기에 활동한 중국 도가 초기의 가장 중요한 사상가)

　강 위에 떠있는 배 한 척이 마치 풍경 속에 깃들여 있는 듯하다. 하지만 갑자기 강풍이 몰아치고 폭우가 쏟아진다면 배는 어떻게 될까. 배 위에 사람이 타고 있다면 사람은 어떻게 될까. 사람은 강을 건널 수도 없을뿐더러 목숨까지 위태로울 수 있을 것이다.

　하지만 배 위에 사람이 없다면, 배는 강풍과 폭우만큼은 흔들리겠지만 사람은 아무 탈이 없을 것이다. 사람은 강이 다시 평온해지면 강을 건널 수 있을 것이다.

　마음을 빈 배로 만드는 일은 그리 만만치는 않다. 내가 빈 배가 되려면 '나는 바보요. 다 내 탓이요. 내가 부족해서 그렇지.' 를 달고 살아야 하는데, 어찌 빈 배로 사는 게 쉽겠는가.

　하지만 내 마음의 평화가 절실하다면 그리할 줄 알아야 한다. 혜민 스님은 '내가 먼저 고개 숙이면 부딪칠 일이 없다' 고 말씀하신다. 비겁하지만 않다면, 맞서지 않고 피해갈 수 있는 지혜가 필요하다. 배가 깨져서 상처투성이로 건널 수 있는 강은 없다. 바다가 그립다면, 우리는 강을 건너야 한다.

> 마음이 평온하지 않고 가능한 것이 있을까? 강을 건너야 한다면, 마음부터 텅 비우는 연습을 할 일이다.

벤치의 악사들

남궁준

전주 천에는
매주 일요일 저녁에
작은 음악회가 열린다
바람 따라 춤을 추는 강기슭이 배경이다
관객은 제각각이다
무심코 지나는 사람
고개를 돌리다 가는 사람
풀잎에 앉는 사람
악사도 제멋대로다
젊은 사람
늙은 사람
어정쩡한 사람
같은 것이 있다면,
다들 이름 없는 악사들
악사가 소리를 켜면 삑삑 쇳소리도 나고,
엇박자에 서로 고개를 갸웃 하기도 한다
어쩌다 신통하게 박자가 맞으면
박수도 터져 나온다
뉘엿뉘엿 내리는 황혼에 소리가 멈추면
악사는 너나없이 주섬주섬 가방을 싼다
어디로 가는지는 알 수가 없다
가난한 영혼이 서린 벤치에는 어둠만이 남는다

4부

눈에
담을 것

진심

산앵두나무 꽃이 바람에 춤추는구나.

어찌 그대가 그립지 않겠소만 그대의 집이 머니 어찌 하오리.

공자가 중국 고대의 시에 대하여 말하였다.

"그리워한다고 했지만 그것은 진심이 아니다. 진정 그리워한다면 집이 먼 것이 무슨 상관이겠는가."

唐棣之華 偏其反而. 豈不爾思 室是遠而. 子曰 未之思也 夫何遠之有

(당체지화 편기반이. 개부이사 실시원이. 자왈 미지사야 부하원지유)

– 논어(論語) 자한(子罕) 편

진심(眞心)은 가짜가 많다. 진심이 진짜가 아닐 경우가 많다는 것이다. '진심으로 축하한다'는 말 속에는 호의는 있지만 말치레가 흔하다. '진심으로 보고 싶다'는 말 속에는 보고 싶어서 미칠 지경일 수도 있지만, 전혀 보고 싶지 않을 수도 있다. '진심으로 미안하다'는 말 속에는 조금은 미안 하지만 어쩔 수 없이 미안하다고 말하는 경우가 적지 않다. '진심으로 죽을 죄를 졌다'는 말 속에는 잘못을 인정할 수밖에 없지만, 어서 빨리 지금의 순간을 벗어나고 싶다는 저의가 강하다. '진심으로'는 뒷말을 포장하기 위해, 앞에 덧붙이는 경우가 많다. 말 속에 진심은, 진심을 의심하기에 충분 하다.

사람 마음의 진위(眞僞)를 가리는 법이 있을 수 있다. 목소리의 떨림이나, 눈빛의 간절함이나, 표정의 애절함 등을 보아서 사람의 마음을 가늠할 수 도 있다. 하지만 배우들이 가짜 눈물을 뚝뚝 떨어트리는 것을 보면, 진심도 연기로 가능하다는 것을 보여준다. 얼마든지 진심을 연기할 수 있다는 것 이다. 얼마든지 마음을 거짓으로 꾸밀 수 있다는 것이다.

설사 진심을 일부 인정하더라도, 진심의 시간이 너무 짧다. 잠깐일 뿐이 다. 돌아서면 변하는 것이 사람의 마음이라, 진심은 신빙성이 떨어진다.

그렇다면 진심의 진위를 알 수 있는 법은 없을까. 공자께서 명쾌하게 진 심을 가리는 법을 알려 주셨다. 발걸음이었다. 공자께서는 '진심으로 그리 워한다'는 말은 진심이 아니라고 단호하게 말씀하신다. 진심으로 그리워한 다는 것은, 말이 아니라 발걸음을 옮기는 것이라고 분명하게 선을 그었다.

진심으로 축하한다면, 발걸음을 옮겨서 손을 잡아 주는 것이 진심이라는 것이다. 진심으로 보고 싶다면, 발걸음을 옮겨서 안아주는 것이 진심이라는 것이다. 진심으로 미안하다면, 발걸음을 옮겨서 고개를 숙이는 것이 진심이라는 것이다. 진심으로 죽을죄를 졌다면 발걸음을 옮겨서 감옥으로 가는 것이 진심이라는 것이다.

진심은 말이 아니다. 진심은 가슴도 아니다. 진심은 길 위에 발자국을 남기는 것이다. 진심은 발걸음이다.

'진심' 같이 어려운 언어가 있을까? '진심' 같이 쉬운 언어가 있을까?

어느 산골 소년의 슬픈 사랑이야기

풀잎새 따다가 엮었어요. 예쁜 꽃송이도 넣었구요.
그대 노을빛에 머리 곱게 물들면, 예쁜 꽃모자 씌워주고파.
냇가에 고무신 벗어 놓고, 흐르는 냇물에 발 담그고,
언제쯤 그 애가 징검다리를 건널까 하며 가슴을 두근거렸죠.
흐르는 냇물 위에 노을의 분홍빛 물들이고,
어느새 구름 사이로 저녁달이 빛나고 있네.
노을빛 냇물 위엔 예쁜 꽃모자 떠가는데,
어느 작은 산골 소년의 슬픈 사랑이야기.

– 예민의 글, 노래 '어느 산골 소년의 슬픈 사랑이야기'

KBS TV 문학관 '소나기'의 한 장면

순수(純粹)는 '이기는' 언어가 아니다. 순수는 '지는' 언어이다. 싸워서 지는 언어가 아니라 '마음으로 지는' 언어다. 순수를 한 자씩 한자로 풀어 보면 순(純)은 풀이 싹트는 모양이다. 수(粹)는 알이 고르고 다른 것이 섞이지 않는 쌀을 뜻한다. 합하면 순수(純粹)는 새싹처럼 순하고, 흰쌀처럼 결이 곱다.

소년은 '순수'를 빼닮았다. 소년은 예쁜 꽃모자를 만들고서 징검다리에서 소녀를 기다린다. 소년은 노을빛에 소녀의 머리가 곱게 물들면 소녀에게 꽃모자를 씌워주려고 소녀를 기다린다.

소녀는 오지 않는다. 저녁달이 구름 사이로 빛나고 있는데 소녀는 오지 않는다. 끝내 소년은 노을빛 냇물 위에 꽃모자를 떠내려 보낸다. 씌워주지 못하고 물길로 소녀에게 꽃모자를 보낸다.

순하고 고운 마음이 아니면, 지는 마음이 아니면 만들 수 없는 순간이다. 감히 불순이 섞일 수 없는 엄숙한 순간이다. 졌지만 이기는 순간이다. 순수가 사랑을 만나면 져서 이길 수 없어서 슬프지만, 순수는 인간이 만든 가장 위대한 언어 '사랑'에게만은 이긴다. '순수'가 '사랑'을 지배하기 때문이다.

순수를 잃으면 자기를 잃게 된다. 순수를 잃으면 딴사람이 된다. 순수만은 가슴에 꼭 품고 살 일이다.

순박(淳朴)
부시맨의 철학

    몸집이 작고 동작이 굼뜬 사슴이나 토끼 같은 동물은 절대로 사냥하지 않는다. 노인들에게도 사냥할 기회를 주기 위해.

    야생 열매를 딸 때는 반드시 씨앗이 될 만큼은 남겨 두고, 벌집이 꿀을 딸 정도로 크지 않으면 건드리지 않는다.

    물을 마시러 오는 동물들을 위해, 우물 근처에는 절대 덫을 놓지 않는다.

    – 부시맨들과 생활한 적이 있는 어느 서양 인류학자의 글에서

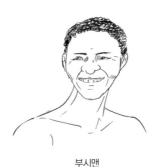

부시맨

자연은 질서를 갖는다. 생명체든 사물이든 자연의 질서 안에서 명멸한다. 맹수라도 거목이라도 바위덩어리라도 자연의 질서를 거스르지 못한다. 맹수는 자신의 구역을 넘어서지 않고, 주어지는 범위 내에서 살다 죽는다. 거목 또한 주어진 자리를 이탈하지 않고 생명이 다하면 소멸한다. 제아무리 바위덩어리라 하더라도 끝은 있다.

하지만 인간만은 다르다. 인간은 만물의 영장이라 자칭하며, 자연을 넘어선지 오래다. 자연의 질서를 거스르고 자연을 지배해 왔다. 자연 위에 군림하며 문명을 일으켰다. 결국은 생로병사(生老病死) 하는 인간이 말이다.

하지만 아직도 문명을 외면하며, 자연의 일부로 살아가고 있는 사람이 있다. 부시맨이다. '수풀(bush) 속에 사는 사람'이라는 뜻의 부시맨은, 남부 아프리카 칼라하리 사막에서 대대로 살아온 민족이다.

부시맨은 자연의 질서를 거스르지 않는다. 부시맨은 자연의 질서에 순응한다. 부시맨은 자연의 질서 내에서 인간의 몫을 설정하고, 몫에 따른다. 몫에도 철학이 있다. 사냥을 하지만, 작은 짐승은 노인에게 맡겨 누구나 고르게 사냥을 즐긴다. 생존도 공유하지만, 즐거움도 공유한다. 야생 열매를 딸 때에는 씨앗을 남겨두고, 벌집이 꿀로 가득차야 꿀을 딴다. 부시맨의 지혜를 엿볼 수 있다. 부시맨의 넉넉한 인내심도 엿볼 수 있다. 우물 근처에는 덫을 놓지 않는 이유가 물을 마시러 오는 동물을 생각해서다. 부시맨이 같은 동물로서 다른 동물과 공생하고, 다른 동물을 배려하는 증거이기도 하다. 부시맨의 철학은 자연의 질서 안에서 자유롭다.

그렇다면, 진화를 구실로 절제하지 못하고 더욱 더 탐욕스러워져가는 문명은 부시맨을 미개하다 할 수 있을까. 부시맨은 지금도 자연을 범하지 않고, 자연이 가르쳐 주는 '순박(淳朴)'을 포기하지 않은 채 자연처럼 살아가고 있는 우리와 같은 인간이다.

문명인이라고 자부하고 있는 우리들은 과연 부시맨보다 우월하다고 할 수 있을까?

나의 삶

    내 나이 열다섯 살 때, 나는 무엇을 위해 죽어야 하는가를 놓고 깊이 고민했다. 그리고 그 죽음조차도 기꺼이 받아들일 수 있는 하나의 이상을 찾게 된다면, 나는 비로소 기꺼이 목숨을 바칠 것을 결심했다.

    먼저 나는 가장 품위 있게 죽을 수 있는 방법부터 생각했다. 그렇지 않으면, 내 모든 것을 잃어버릴 것 같았기 때문이다.

    문득, 잭 런던이 쓴 옛날이야기가 떠올랐다. 죽음에 임박한 주인공이 마음속으로, 차가운 알래스카의 황야 같은 곳에서 혼자 나무에 기댄 채 외로이 죽어가기로 결심한다는 이야기였다.

    그것이 내가 생각한 유일한 죽음의 모습이었다.

    – 체 게바라

체 게바라

글이 서늘하다. 비장하지만 어딘가 낯설기도 하다. 나이 열다섯에 사(死)를 넘어서는 이상(理想)을 그리는 것이, 예사롭기보다는 어딘가 애잔하기까지 하다. 동양에서 나이 열다섯이면 지학(志學)이라 일컫는다. 막 학문에 뜻을 두는 나이가 열다섯이다. 학문에 겨우 진입하는 시작 단계의 나이에 결연하다는 것이다. 그것도 기꺼이 목숨과 바꿀만한 이상을 그리는 것이다.

거기에 더해 죽음의 품위까지 이상에 넣고 있다. 모든 것을 잃지 않기 위해서는, 이상은 절대적이어야 한다고 하는 것이다. 이상의 크기가, 사(死)와 일치해야 한다는 것이다. 역시 체 게바라다.

남미의 한 농부가 체 게바라에게 "무엇 때문에 인텔리 의사가 이 산속에서 고생하느냐?"고 물었다고 한다. 체 게바라는 "나의 이상을 위해서"라고 간단히 답했다고 한다. '왜 고생을 사서해?', '그냥'에 가까운 흘려들을 수 있는 문답이지만, 살아서 자신의 이상을 완전한 상태까지 실현한 체 게바라. 이상은 가슴 속에 살다가, 이루어지고 나면 죽음과 함께 사라지는 것이었다.

체 게바라는 카스트로와 함께 쿠바 혁명을 완성하지만, 혁명의 열매를 뒤로 한 채 다시 볼리비아에 들어가 게릴라전을 펼치다 볼리비아 정부군에 붙잡혀 총살을 당한다. 당시 그의 나이 39세였다. 죽음과 함께 그의 이상은 이슬처럼 사라졌다.

어느 소나무의 가르침

소나무 씨앗 두 개가 있었다. 하나는 바위틈에 떨어지고 다른 하나는 흙 속에 묻혔다. 흙 속에 떨어진 소나무 씨앗은 곧장 싹을 내고 쑥쑥 자랐다. 그러나 바위틈에 떨어진 씨는 조금씩밖에 자라나지 못했다.

흙 속에서 자라나는 소나무가 말했다.

"나를 봐. 나는 이렇게 크게 자라는데, 너는 왜 그렇게 조금밖에 못 자라냐?"

바위틈의 소나무는 아무 말도 하지 않고 깊이깊이 뿌리만 내리고 있었다.

그러던 어느 날 비바람이 몰아쳤다. 태풍이었다. 산 위에 서 있는 나무들이 뽑히고 꺾어지고 있었다. 그때 바위틈에서 자라나는 소나무는 꿋꿋이 서 있는데, 흙 속에 있는 나무는 뽑혀 쓰러지고 말았다. 그러자 바위틈에 서 있던 소나무가 말했다.

"내가 왜 그토록 모질고 아프게 살았는지 이제 알겠지? 뿌리가 튼튼하려면 아픔과 시련을 이겨내야 하는 거란다."

– 바오로딸의 『영혼의 샘터』 중에서

시련(試鍊)은 잘 된 자에게 미리 주어지는 선물(先物)처럼 비유된다. 시련이 의도적으로 주어지는 것처럼 받아들여지는 이유이다. 시련이 주는 의도를 알아차릴 수 있다면, 시련이 마냥 고통스러운 것은 아니라는 것이다.

하지만 바위틈에서 자라난 소나무는 뭔가의 의도라기보다는 우연히 소나무 씨앗이 바위틈에 떨어졌을 것이다. 소나무 씨앗이 자발적으로 바위틈에 떨어졌다면 할 말이 없다. 사람이 씨앗을 바위틈에 심었을 리도 만무하다. 사람이 씨앗을 심었다면 참 심란한 사람일 것이다.

주목하는 것은, 소나무가 어떻게 바위틈에서 자라게 되었는가가 아니다. 소나무의 뿌리가 어디에서 더 뿌리를 잘 내리는가도 아니다. 주목하는 것은, 바위틈에서 자라고 있는 소나무 자체이다.

바위틈에서 자라고 있을 소나무를 상상해 보라. 뿌리가 바위를 뚫고 바위 속에 뿌리를 내릴 수는 없을 것이다. 얼마나 혹독한가. 바위틈에 있을 흙에 얼마만큼이나 양분이 있겠는가. 얼마나 허덕이고 있겠는가. 폭우가 몰아치고 태풍이 불기라도 한다면, 언제 뽑혀서 날아갈지 몰라 바위를 붙들고 부들부들 떨고 있을 것이다. 얼마나 애처로운가.

시련이 잘됨을 예고하는 징조가 아니라면 시련은 참으로 가혹하리라.

바위라는 장벽을 회피하지 않고 아직도 바위틈에서 뿌리를 지켜내고 있을 저 소나무. 얼마나 고될까, 얼마나 아플까. 바위틈에 끼어 발버둥치고 있을 소나무가 위태로워서 아름답다.

위태로워서 더욱 아름다운 소나무. 시련은 감춰져야 아름다운 법인데, 보여서도 아름다울 수 있구나.

벌레 먹은 나뭇잎

나뭇잎이 벌레 먹어서 예쁘다
귀족의 손처럼 상처 하나 없이 매끈한 것은
어쩐지 베풀 줄 모르는 손 같아서 밉다
떡갈나무 잎에 벌레 구멍이 뚫려서
그 구멍으로 하늘이 보이는 것은 예쁘다
상처가 나서 예쁘다는 것은 잘못인 줄 안다
그러나 남을 먹여 가며 살았다는 흔적은
별처럼 아름답다

– 이생진의 시 「벌레 먹은 나뭇잎」

벌레에게 조차 자신의 살점을 나눠주는 나뭇잎. 나뭇잎은 말없이 자신의 생명의 일부를 기꺼이 내준다. 미물이라도 잎을 둔 나무의 넉넉함은 부럽다.

탐욕이 범람하는 철없는 세상이지만, 나무는 언제까지나 인간을 등지지 않고 있다. '마음이 가난한 자는 복이 있나니, 천국이 그의 것이요' 라고 성서는 가르치고 있지만, 인간은 여전히 탐욕스럽다.

주고도 또 주고도 더 줄 것이 없어 마음 아파하는, '마음이 가난한 자' 나뭇잎. 나뭇잎은 아직도 더 내어줄 남은 잎에 감사하고 있을지 모른다. 나뭇잎에 새겨진 상처가 경이롭다.

나뭇잎을 유심히 살펴보라. 나뭇잎이 어떤 상처를 안고 사는지……

연탄재 함부로 발로 차지 마라

연탄재 발로 차지 마라
너는 누구에게 한 번이라도 뜨거운 사람이었느냐
자신의 몸뚱아리를 다 태우며 뜨끈뜨끈한 아랫목을 만들었던
저 연탄재를 누가 발로 함부로 찰 수 있는가
자신의 목숨을 다 버리고 이제 하얀 껍데기만 남아있는
저 연탄재를 누가 함부로 발길질 할 수 있는가
나는 누구에게 진실로 뜨거운 사람이었던가

– 안도현의 시 「연탄재 함부로 발로 차지 마라」

　소소한 희생이든 숭고한 희생이든, 희생이 제값을 받는 일은 드물다. 오히려 푸대접을 받기 일쑤다. 외면당하는 일은, 외려 다행이다. 버림받기도 한다. 발길질을 당하기까지 한다. 희생하고도 희생한 만큼 더 희생하는 것이 희생이기도 하다.

　사실 희생으로 얻는 것은 아무 것도 없다. 아낌없이 모조리 다 내어주고도 돌아오는 것은 아무 것도 없다. 희생은 곧 소멸이기 때문이다. 줘도 받을 수가 없기 때문이다.

　희생은 그런 사실을 모르는 것일까. 모르고 자신의 몸뚱이를 태우는 것일까. 타고나면 재가 된다는 것을 모르는 것일까. 재가 되고도 발길질까지 당할 수도 있는 것을 모르는 것일까.

　희생은 모를 리가 없을 것이다. 희생은 단호하고 간결하다. 희생은 자신에게 돌아올 것이 아무 것도 없다는 사실을 이미 알고서 결행한다. 알면서도 불사르는 것이다.

　희생은 대가를 바라지 않는다. 희생은 감히 대가와 섞일 수가 없다. 희생은 순결의 몫이기 때문이다. 희생은 아무나 할 수 있는 것이 아니다. 희생은 아무나 닿을 수 없는 '순결의 별'인 것이다.

타고 있는 연탄을 발로 차지 못한다면, 연탄재 함부로 찰 일이 아니다.

어쩔 수 없는 벽이라고 우리가 느낄 때

그때

담쟁이는 말없이 그 벽을 오른다

물 한 방울 없고 씨앗 한 톨 살아남을 수 없는

저것은 절망의 벽이라고 말할 때

담쟁이는 서두르지 않고 앞으로 나아간다

한 뼘이라도 꼭 여럿이 함께 손을 잡고 올라간다

푸르게 절망을 다 덮을 때까지

바로 그 절망을 잡고 놓지 않는다

저것은 넘을 수 없는 벽이라고 고개를 떨구고 있을 때

담쟁이 잎 하나는 담쟁이 잎 수천 개를 이끌고

결국 그 벽을 넘는다

– 도종환의 시 「담쟁이」

담쟁이가 군무를 추듯 벽을 타고 있다. 담쟁이는 가히 군단이다. 시작부터 그러했을까. 처음 담벼락 밑에 꽂혀져 있었을 때 담쟁이의 심정은 어떠했을까. 불치병을 갖고 태어난 심정이었을 것이다. 울어 볼 기회조차 가져 보지 못하고 세상 밖으로 던져졌을 담쟁이.

앞에 있는 벽은 벽이 아니었다. 어쩔 수 없는 벽이 아니었다. 벽은 비빌 언덕이었다. 담쟁이는 벽에 기댔던 것이다. 담쟁이는 절망을 기댔던 것이다.

벽은 무너트리는 것이 아니었다. 벽은 뚫는 것이 아니었다. 담쟁이는 벽 속에 있는 독까지 마셔가면서 벽을 달랬던 것이다. 절망을 달랬던 것이다. 담쟁이는 자신의 숙명을 탓하지 않고 외려 숙명을 받들며 한 뼘 한 뼘 앞으로 나아간 것이다. 끝내 담쟁이는 벽을 넘은 것이다. 끝내 담쟁이는 절망을 넘은 것이다. 담쟁이는 그렇게 '담을 잘 넘는 선수'가 된 것이다.

어떤 절망도 잘 이겨내는 '담쟁이'는 외로울까? 담쟁이 꽃말은 '우정'이다.

배려(配慮)
신발 한 짝

열차가 플랫폼을 막 출발했다. 열차의 승강대를 딛고 올라서던 간디는 실수로 그만 한쪽 신발을 땅에 떨어뜨리고 말았다. 열차는 속도가 붙기 시작했고, 그 신발을 주울 수 없었다.

옆에 있던 친구가 그만 포기하고 차내로 들어가자고 말했다. 그런데 간디는 얼른 한쪽 신발을 마저 벗어들더니, 금방 떨어뜨렸던 신발을 향해 세게 던지는 것이었다.

친구가 의아해서 그 까닭을 물었다. 간디는 미소 띤 얼굴로 이렇게 대답했다.

"누군가 저 신발을 줍는다면 두 짝이 다 있어야 신을 수 있을 게 아닌가."

– 『작은 갈색 일화집』 중에서

신발 한 짝이 쓸쓸해 보인다. 주인에게 버림받은 것일까. 아직은 성한데 반쪽이 달아난 것일까. 혼자서 얼마나 두려울까. 언제 발길질을 당할지 모를 일이다. 반쪽이 없으면 한 발짝도 움직일 수가 없다. 이대로 평생 끝날지도 모를 일이다.

신발 한 짝은 다른 한 짝을 기다리고 있을 것이다. 어디선가 다른 한 짝도 마찬가지일 것이다. 한쪽이 기다리고 있다면 다른 한쪽도 기다리고 있을 것이다. 두 개의 반쪽들은 하나였기 때문이다. 짝은 하나에서 둘로 나뉘어 있을 뿐, 홀로 남으면 존재를 상실하기 때문일 것이다.

만물도 다를 바가 없을 것이다. 암컷은 수컷을 기다리고 있을 것이다. 수컷은 암컷을 기다리고 있을 것이다. 음지는 양지를 기다리고 있을 것이다. 양지는 음지를 기다리고 있을 것이다. 좌는 우를 기다리고 있을 것이다. 우는 좌를 기다리고 있을 것이다. 위는 아래를 기다리고 있을 것이다. 아래는 위를 기다리고 있을 것이다. 짝을 이루는 모든 것들은 서로 기다리고 있을 것이다. 원래 하나였으니까. 반쪽이 그리우니까.

배려라는 것, 그것은 기다리고 있을 반쪽에 대한 그리움이 아닐까. 반쪽이, 반쪽이 그리워서 기다리고 있다면 찾아가야 하지 않겠는가. 배려라는 것, 그것은 기다리고 있을 반쪽에 대한 예의가 아닐까. 배려는 해도 그만 안 해도 그만인 것이 아닌, 그렇게 되는 그래서 꼭 해야 하는 마음의 당위가 아닐까.

배려(配慮)를 한자로 풀어 보면, 배(配)는 짝을 뜻하고 려(慮)는 생각하다는 뜻이다. 배려는 짝을 생각해주는 마음, 반쪽을 생각해주는 마음이다.

달팽이가 느려도 늦지 않다

다친 달팽이를 보거든 섣불리 도우려고 나서지 마라
스스로 궁지에서 벗어날 것이다
성급한 도움이 그를 화나게 하거나 그를 다치게 할 수 있다
하늘의 여러 별자리 가운데서 제자리를 벗어난 별을 보거든
별에게 충고하지 말고 참아라
별에겐 그만한 이유가 있을 거라고 생각하라
더 빨리 흐르라고 강물의 등을 떠밀지 말라
강물은 나름대로 최선을 다하고 있는 것이다

– 장 루슬로(프랑스의 시인이자 영화감독)의 시

동행(同行)은 보폭에 달려있다. 앞서거니 뒤서거니 하더라도 누군가 하나가 보폭을 줄이거나 늘려야 동행이 가능하다. 하나가 가면 하나가 갈 수 있다. 하나가 멈추면 하나도 멈추어야 한다.

동행이 깨지는 이유는 간단하다. 혼자 나 몰라라 앞서가면 동행은 깨진다. '남보다 자신이 낫다'라는 우월감에서 비롯된다 할 수 있을 것이다. 우월감은 교만을 낳고, 욕심을 부를 것이다.

누가 달팽이를 적수로 생각하겠는가. 달팽이도 달팽이를 피할 것이다. 다친 달팽이라면 누구 하나 거들떠보지도 않을 것이다. 하지만 그런 달팽이 곁에 누군가 하나라도 남아있다면 그것이 동행이다.

동행은 복잡하지 않다. 단순하다. 동행은 동행일 뿐이다. 곁에 남아있는 것이 동행이다. 떠나면 동행이 아니다. 결국 동행은 곁에 남는 것만을 목적으로 한다. 동행하고 싶은데 동행할 수 없다면, 동행해야만 하는데 동행할 수 없다면 동행할 수 있는 길을 찾으면 그만이다. 답은 무조건 기다리는 것이다. 답은 쉬우나 쉽지 않다.

가는 것인지 마는 것인지 모를 달팽이를 보고 속이 터지지 않으면 외려 이상할 것이다. 외면하고도 싶을 것이다. 얼른 집어서 성큼 옮겨주고도 싶을 것이다. 하지만 동행하려면 달팽이 곁에서 조건 없이 기다려야 한다.

달팽이는 달팽이다. 달팽이는 달팽이의 방향이 있다. 달팽이는 달팽이의 속도가 있다. 돕는 것이 돕는 것이 아니다. 돕는다고 거드는 것이 오히려 망칠 수도 있다. 성급한 마음에 달팽이를 호주머니에 넣고 가면 달팽이는 더는 달팽이가 아니다. 그렇게 하면 달팽이는 그저 장난감에 불과하다. 그것은 동행이 아니다. 혼자 가는 것과 다르지 않다.

동행은, 동행을 조건 없이 기다리며 함께 가는 것이다. 동행은 어떤 조건도 달지 않는다. 동행은 동행만을 목적으로 할 뿐이다.

교사는 제자들과 동행한다. 교육의 본질은 속도나 성과가 아니라 '인간'인데, 교육이라는 미명으로 제자들을 재촉하고 다그치지는 않았나 돌아보았다.

약해지지 마

있잖아, 불행하다고 한숨짓지 마.
햇살과 산들바람은 한쪽 편만 들지 않아.
꿈은 평등하게 꿀 수 있는 거야.
나도 괴로운 일 많았지만 살아있어 좋았어.
너도 약해지지 마.

화장

아들이 초등학생 때
너희 엄마 참 예쁘시다 친구가 말했다고 기쁜 듯 얘기했던 적이 있어.
그 후로 정성껏 아흔 일곱 지금도 화장을 하지.
누군가에게 칭찬받고 싶어서.

– 시바타 도요의 시집 『약해지지 마』 중에서

시바타 도요는 100세를 넘긴 할머니이다. 도요가 자신의 장례비용으로 모아둔 100만 엔을 털어 첫 시집『약해지지 마』를 출판했는데, 총 100만 부가 넘게 판매되어 일본열도를 감동시켰다.

1911년 도치기시에서 부유한 가정의 외동딸로 태어난 도요는 열 살 무렵 가세가 기울어져 갑자기 학교를 그만 두었다. 이후 전통 료칸과 요리점 등에서 허드렛일을 하면서 더부살이를 했다.

그러던 중에 20대에 결혼과 이혼의 아픔도 겪었다. 33세에 요리사 시바타 에이키치와 다시 결혼해 외아들을 낳았다. 그 후 재봉일 등 부업을 해가며 정직하게 살아왔다.

1992년 남편과 사별한 후 그녀는 우쓰노미야 시내에서 20년 가까이 홀로 생활 하고 있다.

시를 쓰고 있는 시바타 도요 할머니

무엇이 감동으로 몰고 있는 것일까. 시어는 평이하고 간단하다. 의미도 소소하고 평범하다. 백세 생명이 던지는 마력? 백세의 할머니께서 "불행하다고 한숨짓지 마."라고 하시니까 지금 불행은 불행이 아닌 것 같고, 한숨짓고 있는 자신이 부끄러워진다. 백세의 할머니께서 "꿈은 평등하게 꿀 수 있는 거야."라고 하시니까 불평하며 꿈조차 꾸지 못한 자신이 부끄러워진다. "괴로운 일 많았지만 살아있어 좋았어."라고 하시니까 사는 만큼 괴로운 것도 있겠지만, 사는 것이 더 나을 거라는 생각을 하게 된다. 백세의 할머니께서 "너도 약해지지 마."라고 하시니 어찌 약해질 수 있겠는가.

지금도 화장을 하는 이유가, 칭찬받고 싶어서라 하시는 할머니의 말씀은 가히 전율적이다. 백세의 느낌을 누가 감히 알 수 있겠는가. 백세의 느낌을 누가 감히 저버릴 수가 있겠는가. 백세의 나이에도 구름을 타보고 싶다는 도요 할머니. 시어 하나하나가 가슴에 '별'로 박힌다.

백세 나이에도 예뻐 보이고 싶다는 도요 할머니. 할머니의 아름다운 생애에 경의를 표한다.

내 님의 사랑은

내 님의 사랑은 철따라 흘러간다
봄바람에 아롱대는 언덕 저편 아지랑이
내 님의 사랑은 철따라 흘러간다
푸른 물결 흰 파도 곱게 물든 저녁노을
사랑하는 그대여 내 품에 돌아오라
그대 없는 세상 난 누굴 위해 사나
우- 우- 우-
내 임의 사랑은 철따라 흘러간다
가을바람에 떨어진 비에 젖은 작은 낙엽
내 님의 사랑은 철따라 흘러간다
새하얀 눈길 위로 남겨지는 발자국들
사랑하는 그대여 내 품에 돌아오라
그대 없는 세상 난 누굴 위해 사나
우- 우- 우-
사랑이 깊으면 외로움도 깊어라

- 故 이태석 신부의 애창곡

노래 하는 故 이태석 신부

　누구도 이태석 신부의 숭고한 업적을 비켜갈 수는 없겠지만, 왜 이 신부에게 '내 님의 사랑은' 이 애창곡에 이르렀을까. 사진 속의 이 신부는, 기타를 치며 환하게 웃고 있지만 진정 웃는 것일까.

　이 신부가 세상과 작별하기 직전에 요양원에서 신자들 앞에서 노래를 부르고 있다. 이 신부가 부르는 '내 님의 사랑은' 에서 울리는 애절함에 전율한다. 끝 모르게 파고드는 애통에 가슴이 저리다.

　사랑은 멈추지 않고 계절 따라 흘러가고 있다. 고통 속에 머무르면 정지할 것 같았던 사랑은 이 신부를 냉정하게 외면했다. 예수께서 '가장 보잘것 없는 이에게 해 준 것이 곧 내게 해 준 것이다' 라고 하신 말씀을 따라 죽도록 몸을 던졌건만, 사랑은 흘러갈 뿐 머물지 않았다.

　사랑 없는 세상, 누구를 위해 사느냐고 울부짖어도 사랑은 이 신부 품에 안기지 않았다. 생명이 소멸해가는 순간까지도 사랑은 이 신부 품을 저버렸다. 하지만 끝내 이 신부는 '하느님은 정말 사랑이십니다' 라는 유서를 남기고 세상을 떠난다.

　〈울지 마, 톤즈〉 이태석 신부님. 당신의 숭고한 사랑은 영원히 잊지 못할 것이다.

기도(祈禱)
인디언 기도문

바람 속에 당신의 목소리가 있고, 당신의 숨결이 세상 만물에게 생명을 줍니다.

나는 당신의 많은 자식들 가운데 작고 힘없는 아이입니다.

내게 당신의 힘과 지혜를 주소서.

나로 하여금 아름다움 안에서 걷게 하시고, 내 두 눈이 오래도록 석양을 바라볼 수 있게 하소서.

당신이 만든 물건들을 내 손이 존중하게 하시고, 당신의 목소리를 들을 수 있도록 내 귀를 예민하게 하소서.

당신이 내 부족 사람들에게 가르쳐준 것들을 나 또한 알게 하시고, 당신이 모든 나뭇잎, 모든 돌 등에 감춰둔 교훈들을 나 또한 배우게 하소서.

내 형제들보다 더 위대해지기 위해서가 아니라, 가장 큰 적인 나 자신과 싸울 수 있도록 내게 힘을 주소서.

나로 하여금 깨끗한 손, 똑바른 눈으로 언제라도 당신에게 갈 수 있도록 준비시켜 주소서.

그래서 저 노을이 지듯이 내 목숨이 사라질 때, 내 혼이 부끄럼 없이 당신에게 갈 수 있도록 하소서.

– 류시화의 『지금 알고 있는 걸 그때도 알았더라면』에서

기도는 들어주는 누군가가 있을 때 의미가 있다. 들어주는 누군가가 없는데도 하는 기도는 헛소리에 불과하다. 만약 기도를 들어주는 누군가가 있고, 누군가가 전지전능한 절대자라면, 절대자는 누구의 기도를 들어줄까.

절대자의 마음이고 절대자마다 다를 수 있겠지만, 절대자가 모든 기도를 모두 들어준다고 가정한다면, 기도를 들어줄만한 자격을 갖춘 자의 기도는 우선 들어줄 것이다.

자격을 갖춘 자는 누구일까. 먼저 절대자의 존재를 인정하는 자일 것이다. 절대자의 존재를 의심하지 않는 자일 것이다. 절대자의 존재를 의심하는 자는, 이제부터 당신을 믿을 테니 기도를 들어달라고 하는 자일 것이다. 조건을 달았으니 의심이 드러날 테고 외면할 가능성이 크다.

다음으로는 절대자의 뜻대로 살아온 자일 것이다. 절대자의 뜻대로 살아온 자는 절대자의 존재를 인정했다는 증거이고, 절대자의 뜻대로 살아온 자를 예뻐하지 않을 절대자는 없을 것이기 때문에 기도를 외면할 수 없을 것이다.

'인디언 기도문'은 절대자의 존재를 의심하지 않는다. 세상 만물에서 온몸으로 절대자의 존재를 느끼고 있다. 오히려 못 느낄까봐 염려하고 두려워하고 있다.

'인디언 기도문'은 절대자의 뜻을 거스르지 않는다. 순응한다. 요구하지 않는다. 양식을 달라고, 죄를 용서해 달라고, 영원히 살게 해달라고 요구하지 않는다. 절대자의 뜻대로 살기를 원한다.

'인디언 기도문'은 보통 사람들의 기도와는 사뭇 다르다. 당신이 믿는 절대자는 누구의 기도를 들어줄까.

아름다운 세상이 눈앞에 펼쳐지면서, 마음이 평화로워지는 기도문이다.

매력(魅力)

클레오파트라와 양귀비
– 미모는 한철이고 매력은 사계절이다

프랑스의 철학자 파스칼은 저서 『팡세』에 '클레오파트라의 코가 조금만 낮았더라면 지구상의 모든 표면이 달라졌을 것이다' 라고 썼다. 고대 이집트 마지막 여왕 클레오파트라는 로마 공화정 말기 최고 권력자 카이사르와 안토니우스의 사랑을 받았던 여인으로, 지금도 미인의 대명사로 인용된다.

동양에도 그에 필적할 미인이 있다. 당나라 현종의 비 양귀비이다. 원래 양귀비는 현종의 아들 수왕의 비였지만 현종이 편법을 써 빼앗았다. 얼마나 예뻤으면 며느리를 비로 취했을까.

그런데 클레오파트라와 양귀비는 정말로 절대 미모를 가진 여자들이었을까? 2001년 런던 브리티시 박물관에서 열린 '클레오파트라 특별전'을 보면 클레오파트라의 외모를 추정해 볼 수 있는데, 다소 의외다. 150㎝의 작은 키에 통통한 몸매이고 매부리코라는 것이다. 양귀비도 마찬가지다. 그녀의 초상화를 보면 작은 키에 통통하고 쌍꺼풀이 없는 눈을 가지고 있다. 21세기 기준으로 적어도 미인이라 하기는 어렵다.

그렇다면 그녀들은 무엇으로 당대 최고 권력자들의 마음을 빼앗았을까. 고고학자들은 이렇게 말한다. 클레오파트라는 그리스어, 라틴어, 히브리어, 아랍어를 능숙하게 구사하는 학자풍이었다. 그녀는 어려서부터 이집트 왕실 도서관에서 엄청난 책을 읽어 당시 최고 지성인 그룹에 속했다. 어떤 학자나 권력자와도 막힘없이 대화를 나눌 정도로 현명했다는 것이다. 양귀비 또한 춤과 음악에 뛰어난 재능이 있었고 매우 총명했다고 한다. 단순히 미모로 현종의 마음을 빼앗은 게 아니라 자신만의 독특한 매력으로 현종의 사랑을 받았다는 것이다.

미모로 한순간 뭇 남성의 시선을 빼앗을 수 있다. 하지만 만날수록 빠져드는 매력 있는 여자야말로 정말 아름다운 여자다.

– 양태석의 『이야기 속에 담긴 긍정의 한 줄』 중에서

클레오파트라   양귀비

'매력' 같이 매력 있는 언어가 있을까. 사랑이라는 언어를 능가할 정도로 위력적이다. 사랑도 매력이 좌우할 수 있으니 인정할만하다. 매력은, 이상하게 사람의 눈이나 마음을 호리어 끄는 힘을 말한다. 정상적인 것이 아니라 비정상적으로 사람의 눈이나 마음을 혹하게 하야 사로잡는 것이 매력이다.

매력의 매(魅)는 도깨비를 뜻한다. 따라서 매력이 있는 사람은 가히 도깨비 방망이를 하나 쥐고 있다 할 수 있다. 이러하니 누가 매력을 마다할 수 있겠는가. 누구나 갖고 싶어 하는 것이 매력이다. 사람이 나무토막이 아닌 이상, 매력은 생명을 지탱하는 강력한 축일 수밖에 없다. 매력은 인간관계의 흥망성쇠를 좌우하는 열쇠가 되는 것이다.

문제는 매력의 유효기간이 짧다는 것이다. 매력의 요소라 할 수 있는 외모, 돈, 직업, 화술, 성격, 가치관, 명예, 권력 등도 매력에 일시적으로 작용할 뿐이라는 것이다. 상수가 아니라 그때그때의 변수일 뿐이라는 것이다.

다만 희망적인 것은 매력이 상대적이라는 것이다. 매력이 변칙적으로 작용할 수 있다는 것이다. 다대다(多對多)로 작용할 수 있다는 것이다.

또 다른 희망적인 것은 매력이 즉흥적이든 지속적이든 만들어질 수 있다는 것이다. 클레오파트라나 양귀비는 당대의 절세미인은 아닌 것으로 추정된다. 그녀들은 후천적으로, 끊임없는 노력으로 매력을 창출한 것으로 보인다. 매력은 수명이 짧기 때문에 방심은 금물이지만, 노력으로 얼마든지 창조될 수 있는 것이라는 것이다.

노력하면 얼마든지 질 수 있는 도깨비방망이, 매력. 우리 곁엔 언제나 매력의 열쇠가 놓여 있다.

아늑한 바람의 나라, 최재용 중위

백지 위에 나를 그리려다 저절로 그려지는 사람이 있습니다. 내가 아니라 그 사람이 그려져서 행복한 사람이 있습니다.

백지 한 가운데 그 사람으로 다 채우고, 여백 한 귀퉁이에 나를 그려 넣어도 그저 행복한 사람이 있습니다.

햇살 내리는 호수에 은빛 파문으로 찾아드는 바람처럼, 잔잔하게 아련하게 다가오는 사람.

보이지는 않지만 내 눈의 그리움으로 내 심장의 불빛으로 늘 볼 수 있는 사람.

소리 나지 않게 낮게 낮게 다가오지만 울림으로 다가오는 사람.

아늑한 바람의 나라, 그 분, 최재용 중위.

꽃 위에 내려 앉아 흔들리는 꽃잎을 한없이 달래 주고, 강 위에 내려 앉아 길 잃은 강물을 한없이 달래 주는, 달빛 같은 아늑한 바람의 나라, 그 분, 최재용 중위.

남자가 남자여서 서운한, 남자가 남자여서 탐이 나는 남자의 남자 그 분, 최재용 중위.

바람이 바람을 다스려서 아늑한 바람의 나라, 칼 같은 서슬이지만 푸르러 너무 푸르러 스스로 베어 칼을 잠재우는 사내의 사내, 아늑한 바람의 나라, 그 분, 최재용 중위.

벗이지만, 감히 벗으로 다가갈 수 없는, 벗이 아니어도, 아늑한 바람의 나라의 객이라도 좋을, 나 없는 나로도 좋을, 나의 그 분, 최재용 중위.

그 분은 순혈 하나로 젊음을 함께 나눈, 강원도 철원 전방 철책선을 함께 지키던 전우입니다.

– 필자의 시 「아늑한 바람의 나라, 최재용 중위」

　백열등이 깜박깜박 거린다. 촉이 다 되었다는 신호일 것이다. 추억도 기억이 쇠하면 소멸한다. 추억은 기억 속에 살아남은 것이다. 아무리 지난날을 더듬어 봐도 기억 속에 없으면 추억은 없는 것이다. 가물가물한 추억은 얼마 가지 못할 것이다. 지금까지 살아남은 추억이 언제까지 살아남을지도 알 수는 없다. 추억은 의지와는 무관하다. 기억에만 의지한다.

　물론 불쑥 찾아온 손님처럼 불현듯 떠오르는 추억도 있다. 잠재해 있던 추억이 어떤 계기로 순간 살아난 것일 것이다. 그러한 추억도 추억에 낄 수는 있을 것이다.

　하지만 기억은 시간을 능가할 수가 없다. 시간이 가면 갈수록 기억은 쇠퇴해 간다. 기억과 함께 하는 추억도 쇠퇴해 간다. 나이가 들면 들수록 추억의 개수는 줄어들기 마련이다.

　그렇다면 추억은 어디로 간 것일까. 정말 사라진 것일까. 기억에 없으면 정말 없는 것일까. 있다. 가까이 있다. 너무 가까이 있어서 없는 것처럼 보일 뿐이다.

　곁에 있는 사람이 누구인지 살펴봐라. 곁에 있는 사람과는 너무 가까이 있어서 추억을 떠올려 보지 않은 것이다. 너무 가까이 있어서 추억이 숨어 있었던 것이다. 곁에 남아있는 사람이 추억이다. 추억은 사람으로 남는 것이다.

추억은 사람으로 남아, 사람이 추억을 말해주는 것이 아닐까.

밀레의 '만종(晩鐘)'에 얽힌 숨은 이야기

저녁노을이 지는 들녘에서 가난한 농부 부부가 고개를 숙인 채 기도를 하고 있다. 경건하게 삼종기도를 바치는 부부 뒤쪽 넓은 들판 너머 교회당에서 저녁 종소리가 들려오는 듯 평화롭고 아름다운 모습이다.

장 프랑수아 밀레가 그린 불후의 명작 '만종'은 프랑스의 자랑이다. 그림을 보면 하루 일을 마치고 농부 부부가 교회 종소리를 들으며 기도하는 평화로운 그림으로 보인다.

그렇지만 이 그림에는 슬픈 이야기가 숨어있다. 농부 부부가 바구니를 밭 위에 놓고 기도하고 있는데 사람들은 그 바구니가 씨감자와 밭일 도구를 담은 바구니로 알고 있다. 그런데 사실은 그 바구니에는 씨감자가 들어있는 게 아니라 그들의 사랑하는 아기의 시체가 들어있다. 춥고 배고픈 겨울에 그들의 아기가 죽은 것이다. 죽은 아기를 위해 마지막으로 부부가 기도하는 모습을 그린 그림이 '만종'이다.

왜 그림 속의 아기가 사라졌을까? 이 그림을 보게 된 밀레의 친구가 큰 충격과 우려를 보이며 아기를 넣지 말자고 부탁을 했다. 그래서 밀레는 고심 끝에 아기 대신 감자를 그려 출품했다. 그 이후 이 사실이 알려지지 않은 채 그저 농촌의 평화로움을 담고 있는 그림으로 남았다.

– 『퐁당퐁당 하늘여울』에서

만종(밀레, 1857~1859)

명작은 미(美)를 담고 있을 때 생명력을 잃지 않는다. '만종'은 구성이나 색채 등 미의 외면적 요소와 하늘의 뜻에 순응하며 자연과 일치를 이루는 미의 내면적 요소가 조화를 이루며 명작의 반열에 오른 밀레의 작품이다.

다만, 하나의 가정(假定)이 있다. 만약 밀레가 바구니에 그려진 감자 대신에 아이의 시신을 그려 출품했다면 '만종'은 어떻게 되었을까. 음습한 그림으로 비쳐져 대중으로부터 외면을 받았을까. 아니면 아이를 잃은 슬픔에 동정을 얻어 더 많은 사랑을 받았을까.

결과는 아무도 장담할 수는 없을 것이다. 분명한 것은, '만종'은 바구니에 아이 대신 감자를 그려 명작이 되었다는 것이다. 그렇다면 바구니에 아이를 넣어 그렸어도 '만종'이 명작으로 남았겠느냐 하는 것일 것이다. 만약 바구니에 아이를 담아 그렸다면, 아이를 땅에 묻기 전에 마지막 기도를 올리는 비극적인 그림이 되었을 것이다.

명작은 명작에 걸맞은 아름다움을 담는다. 비극은 아름답지 못한 것일까. 화폭에 시신은 아름답지 못한 것일까. 아름다움은 시선이다. 시신이 미에서 제외되어야 하는 추한 것으로 바라본다면 '만종'은 추해서 명작이 되지 못할 것이다. 시신이 미로 받아들여진다면 '만종'은 또 다른 명작이 되었을 것이다.

미는 상대적이다. 대상을 바라보는 시선에 따라 미는 달라질 수 있다. 결국, 미는 어디까지 아름답게 바라볼 수 있느냐하는 시선의 크기가 아닐까.

명작 또한 사람이 만드는 것. 사람은 어디까지 아름다울 수 있을까?

선운사, 도솔암 가는 길

새소리 들리는가
바람 따라 새는 떠나고, 소리만 남아 숲에 잠드는 곳
물소리 들리는가
구름 따라 물은 떠나고, 소리만 남아 숲에 잠드는 곳
숲 속에 숲, 도솔암 가는 길
물 위를 가는지, 나무 위에 숨어 가는지 묻지를 마라
사람이 숲이 되고, 숲이 사람이 되는 곳
숲이 사람이 되고, 사람이 숲이 되는 곳
도솔암 가는 길
구름길을 가는지, 꿈길을 가지는 묻지를 마라
앞으로 가도, 뒤로 가도, 저절로 가는 길
너도 모르고, 나도 모르는, 길 없는 길
도솔암 가는 길
선운사, 도솔암 가는 길

– 필자의 시 「선운사, 도솔암 가는 길」

선운사, 도솔암 가는 길

이른 봄이었다. 아침녘에 도솔암에서 선운사로 내려오고 있을 때, 앞서 가고 있던 부부를 우연히 만났다. 금슬이 좋아 보였다.

부부는 숲길을 걸으며 아무 말도 못했다고 한다. 양쪽 나무와 나무가 맞 닿아 끝없이 이어지는 나무 숲길. 낮게 낮게 지평에서 돋아나는 발소리. 두 리번두리번 새근거리는 새소리, 쉬쉬 휘감아 도는 물소리. 부부는 따로따 로 분리되는 느낌이었고, 스스로도 모르게 어딘가로 이끌려지는 느낌이 들 었다고 말했다.

「선운사, 도솔암 가는 길」은 작별을 고하는 부부의 아쉬움을 전해 듣고 선운사 만세루에서 작별 선물로 부부에게 일필휘지로 써 드린 글이다.

'나'를 잃어버리고 싶을 때, 눈물겹도록 아름다운 숲길, '선운사, 도솔암 가는 길'을 걸어보라.

광활한 우주의 한 점 먼지일 뿐인 내가

또 하나의 먼지인 너를 어쩌다 만나

눈 맞아 사랑을 하고 태양 같은 아이를 낳고

기쁨과 슬픔, 웃음과 울음 속에 살다가

아스라이 먼지로 돌아갈 것이다

황홀하다!

– 정연복의 시 「황홀하다」

　'황홀하다' 만큼 행복의 느낌을 대표할 수 있는 언어가 있을까. 행복은 오감으로 드러내는 흐뭇한 느낌을 이른다. 행복은, 행복의 길이가 짧든 길든 오감으로 표출된다. 원하던 것을 볼 때, 원하던 소리를 들을 때, 원하던 맛을 볼 때, 원하던 향기를 맡을 때, 원하던 것에 닿을 때 행복을 느낀다. 행복의 정도가 강렬해 만족에 이르면 황홀해진다.

　원하는 것은 사람마다 다를 것이다. 즐거운 것에 행복할 수도 있고, 성취에 행복할 수도 있고, 평정심에 행복할 수도 있고, 행운에 행복할 수도 있고, 쾌락에 행복할 수도 있을 것이다. 행복의 기준은 사람마다 다르기 때문이다.

　문제는 사람은 누구나 행복을 갈망하지만, 행복이 쉽게 찾아오지 않는다는 것이다. 근원적인 이유는 무엇일까. 인간적인 상황에 있을 것으로 본다. 인간의 생명은 유한하다. 인간은 광활한 우주에 비하면 한 점 먼지에 불과할 수 있다. 먼지만큼이나 미미한 인간이면서도 인간은 생명이 다하면 다시 먼지로 돌아간다. 인간이 유한한 생명에 대한 존재의 몸부림을 행복으로 구하는 것은 어쩌면 필연적일 수밖에 없을 것이다.

　인간은 또한 행복을 인간과의 관계에 대부분 의존한다. 인간과의 관계의 정점(頂點)은 관계의 결정적 고리가 되는 사랑이라는 감정으로 최고조에 이르게 된다. 사랑이 서로 교차되면서 감정이 오감을 통해 표출 될 것이다. 관계가 사랑으로 교차되지 못하고 어긋나면 행복할 수 없다는 것과 다르지 않다. 마땅히 관계가 어긋나면 황홀할 수 없을 것이다.

　하지만 인간과의 관계는 참으로 수월하지 않다는 것이다. 인간과의 관계

만큼 복잡하고 미묘한 것은 없기 때문이다. 그만큼 관계 안에서 느껴지는 행복이 요원하다는 것이다. 관계가 행복을 좌우할 수 있다는 것이다.

그렇다면 행복의 중대한 방해 요인은 관계의 불화일 수밖에 없을 것이다. 관계의 불화는 불행에 이르고, 관계의 조화는 행복에 이른다는 것이다. '황홀하다!' 는 관계의 조화가 오감을 통해 절정에 이르렀을 때 행복을 달리 부르는 감탄어가 될 것이다.

> 행복은 결국 사람과의 관계가 좌우한다. 여러분은 지금 주변사람들과의 관계에서 행복을 느끼고 있는가?

브람스 교향곡 2번, 음악으로 써내려간 연서(戀書)

19세기에 스승의 아내를 사랑했던 한 음악가가 있었다. 요하네스 브람스다. 그는 무명이었던 자신을 유럽의 음악계에 소개하고 그의 앞길을 지원해 준 스승 슈만의 아내 클라라를 사모(思慕)했다.

브람스가 음악 속에서나마 클라라와의 행복한 시간을 꿈꿨던 곡이 교향곡 2번 D장조(Symphony No. 2 in D major op.73)다. 자신의 음악을 당대 최고의 피아니스트였던 클라라에게 선물한 브람스의 마음은 무엇이었을까? 어쩌면 클라라의 손끝을 통해 자신이 꿈꾸던 두 사람의 사랑을 그려내고자 한 것은 아니었을까?

슈만이 1856년 세상을 떠난 것을 감안하면 브람스의 클라라에 대한 사랑은 못 이룰 것도 없었으련만, 브람스는 클라라에 대한 평생의 사랑을 음악에만 담았다.

1896년 클라라가 7명의 자녀를 두고 77세의 나이로 타계했을 때 브람스는 '나의 삶의 가장 아름다운 체험이요, 가장 위대한 자산이며, 가장 고귀한 의미를 상실했다'고 그녀의 죽음을 요약했다.

이듬해 대작곡가 브람스는 64세를 일기로 클라라의 뒤를 따라갔다. 20살에 클라라를 만나 64살로 타계하기까지 평생 독신으로 살면서 브람스의 마음속에 있었던 존재는 클라라였다.

— 매경이코노미 기사에서

클라라와 브람스

클라라를 사랑했던 브람스를 위하여

폭풍이 몰아쳐도
바다가 잔잔함을 꿈꾸듯
사랑은 멈출 수 없었으리라
거역할 수 없었던 숙명이 오선에 길을 열고,
차마 범할 수 없었던 절망의 숨소리는
음표를 덮었으리라
목숨을 갈아서 수놓았던
'ones(하나 됨)'의 선율들이여,
세상은 당신의 아름다운 영혼 안에서 영원히 고요하리라

하느님의 사랑이 인간을 낳고, 인간의 사랑이 위대한 음악을 낳지 않았을까.

사랑(愛)·1
가난한 사랑 노래

가난하다고 해서 외로움을 모르겠는가
너와 헤어져 돌아오는
눈 쌓인 골목길에 새파랗게 달빛이 쏟아지는데
가난하다고 해서 두려움이 없겠는가
두 점을 치는 소리,
방범대원의 호각소리, 메밀묵 사려 소리에
눈을 뜨면 멀리 육중한 기계 굴러가는 소리
가난하다고 해서 그리움을 버렸겠는가
어머님 보고 싶소 수없이 뇌어보지만,
집 뒤 감나무에 까치밥으로 하나 남았을
새빨간 감 바람소리도 그려보지만
가난하다고 해서 사랑을 모르겠는가
내 볼에 와 닿던 네 입술의 뜨거움
사랑한다고 사랑한다고 속삭이던 네 숨결
돌아서는 내 등 뒤에 터지던 네 울음
가난하다고 해서 왜 모르겠는가
가난하기 때문에 이것들을
이 모든 것들을 버려야 한다는 것을

– 신경림의 시 「가난한 사랑 노래」

　사랑은 평등하다. 사랑이 대상을 가려 찾아오지는 않는다. 빈자든 부자든 모두 고독한 존재일 수밖에 없기 때문이다. 다만 사랑의 양상은 갈린다. 가난은 죄가 아니라지만, 현실은 비정하다. 사랑도 편애를 하는 것이다. 사랑은 부자의 편을 쉽게 들어준다. 하지만 빈자의 사랑을 쉽게 저버리지도 않는다. 사랑은 평등을 저버리지 않기 때문이다.

　사랑은 공평하게 기회를 준다. 누가 사랑의 승자가 될까. 부자의 사랑은 수명이 짧다. 변질되기도 쉽다. 부자는 사랑을 훼손하기까지 한다. 부자가 새파랗게 쏟아지는 달빛 아래 서있는 외로움을 알겠는가. 부자가 뒤를 쫓듯 생존을 깨우는 괴성의 두려움을 알겠는가. 부자가 까치밥으로 걸려있는 모정의 그리움을 알겠는가. 부자가 지나간 속살에서 떨어지는 눈물 젖은 사랑을 알겠는가.

　'가난하기 때문에 이 모든 것들을 버려야 한다'는 아픈 고백은, 역설적으로 사랑은 가난을 아는 사람에게 떠나지 않는다는 것이리라. 사랑은 진정 마음이 가난한 자의 편이기 때문이다.

　진정, 사랑의 승리는 마음이 가난한 자의 몫이 아닐까.

타이타닉, 그리고 로즈 도슨

잭: 로즈, 내 일생일대의 행운은 도박에서 이 배의 티켓을 딴 거야. 당신을 만났으니까. 난 정말 감사해, 로즈. 정말 감사해. 나에게 살겠다고 약속해줘. 그리고 절대 포기하지 않겠다고. 아무리 절망적인 일이 일어나더라도 문제없을 거라고. 나에게 약속해 지금. 그리고 그 약속 절대 놓지 마. 넌 그 어떤 작별의 말도 해서는 안 돼. 아직은 아냐. 무슨 말인지 알겠지?

로즈: 너무 추워.

잭: 잘 들어, 로즈. 넌 여기서 살아나가야 돼. 살아서 아이도 낳고 훌륭하게 키워야 해. 반드시 늙어서 죽어야 해, 늙어서. 노인이 되어서 따뜻한 침대에서. 그러나 여긴 아니야. 이렇게 죽어선 안 돼. 내 말, 알아듣겠지?

로즈: 몸에 감각이 없어.

잭: 바로 그걸 이겨내야 해.

로즈: 약속할게.

잭: 절대 죽어선 안 돼.

로즈: 죽지 않을게, 잭. 절대 죽지 않을 거야.

– 영화 '타이타닉' 에서 잭과 로즈의 마지막 이별 장면

로즈는 구조된 후 생존자 명단에 '로즈 도슨' 이라는 이름으로 등록함으로써 잭과 사랑의 일치를 이룬다. 로즈는 이후 죽는 순간까지 잭을 가슴속에 간직한 채 생을 마친다.

'사랑'은 훼손되지 않는다. 처음 그대로 고스란히 남아있다. 처음 뛰었던 심장의 크기만큼 그대로, 지금도 뛴다. 처음 보았을 때, 세상의 정지된 순간이 지금까지 눈 속에 그대로 남아있다. 사랑은 두 번의 사랑을 허용하지 않는다. 사랑은 처음 그대로 이어지는 것일 뿐, 끝은 허용하지 않는다.

사랑은 의지가 아니다. 사랑은 저절로 되는 것이다. 심장을 도려내지 않는 이상 심장은 뛴다. 매일 밤 꿈속에서 만나는 사랑. 생시(生時)가 아니어도 느낄 수 있는 사랑.

사랑은 눈 밖에서도 그대로 살아있다. 사랑은 거리를 넘어 공간을 넘어, 공기처럼 다가온다.

사랑은 한 번 스쳐갔지만 죽는 순간까지 포기되지 않는 것. 사랑 앞에 목숨은 자기만의 시간일 뿐이다. 눈을 떠도 눈을 감아도, 사랑이 살아있으니 사는 것이다. 멈추어지지 않는 사랑을 그냥 내버려둘 뿐이다.

사랑이 하라는 대로 하고 있으니, 두려울 것도 없다. 사랑이 살고 있는 이유를 주었기 때문이다. 세상의 모든 것들은 하늘의 뜻에 따르지만, 사랑은 사랑의 뜻에 따르는 것이다.

작은 사랑이 위대해질 뿐, 위대한 사랑은 없다.

눈 내리는 날에

남궁준

길지 않지만
예쁘게 살다
아름다운 세상 내주는
하얀 설원(雪原) 위에
풍경이고 싶다,
오늘 같은 날이면

5부

책가방에
담을 것

1+알파(α), 선생님

1학년 때, 파블로 피카소가 자주색으로 천막을 그렸더니 로어 선생은 자주색은 천막에 쓰이지 않는 색깔이라고 야단을 쳤다. 자주색은 죽은 사람들에게나 쓰는 색이기 때문에 교실 벽에 걸어줄 수 없다고 했다. 피카소는 그때를 이렇게 회상한다.

"나는 헐렁한 코르덴바지가 슥슥 스치는 소리를 내면서 내 자리로 돌아왔다. 검은색 크레용과 함께 어두운 밤이 내 텐트 위로 내려왔다. 아직 오후도 되지 않았는데……."

그때부터 피카소는 그림에 대한 의욕을 잃어 버렸다.

2학년 때, 바르타 선생은 이렇게 말했다.

"무엇이든 그리고 싶은 대로 그려라."

무엇을 그리든 자유라는 것이었다. 피카소는 아무것도 그리지 못한 채 백지만 책상 위에 달랑 얹어 놓고 있었다. 선생님이 교실을 한 바퀴 돌아 피카소의 자리까지 왔을 때 그의 심장은 콩콩 뛰었다. 그런데 바르타 선생님은 그 큰 손으로 피카소의 머리를 쓰다듬더니 부드러운 목소리로 말했다.

"들판에 온통 하얀 눈이 내렸구나. 정말 멋진 그림이야!"

– 유소운의 『하루 15분, 나를 생각하라』 중에서

교사와 선생님은 차이가 있다. 글자 수로는 한 자 차이가 있다. 교사가 선생과 엇비슷한 뜻이라면 '님'의 차이가 난다. '님'은 사람을 높여 부르는 말로, 보통사람 이상일 때에 직책에 붙이는 경칭이다. 교사와 선생님의 차이는 경칭의 유무이다. '님'의 유무이다.

같은 교사라 하더라도, '님'이 붙는 교사가 있고 붙지 않는 교사가 있다. 교사인 교사가 있고, 교사에 '님'이 붙는 선생님이 있다. '님'이 붙는 만큼 하나 더 추가되는 것이 있다는 것이다. 교사를 '1'로 비유하면 선생님은 '1+알파(α)'로 비유할 수 있을 것이다. '알파(α)'는 수학적으로 어떤 미지수를 나타내는 기호로, '그 이상의 얼마'를 뜻한다.

교사 '1'은, 가르치는 것까지만 하는 사람이다. 그 이상은 없다. 직업인으로서의 역할이 전부이다. 선생님은 성직자에 준할 만큼, 보통 직업인과는 직분이 사뭇 다르다. 학생들의 영혼을 어루만져 주고, 영혼을 새롭게 하는 역할까지 주어진다. '알파(α)'가 없으면 교사에 그치고, 선생님은 되지 못한다는 것이다.

교육은 영어로 'education'이다. 교육은 어원적으로 '밖으로(ex) 이끌어내다(duce)'라는 근원적인 의미를 가지고 있다. 안에 있는, 보이지 않는 것을 밖으로 이끌어내는 역할은 '알파(α)'가 없는 교사는 불가능하다. '1+알파(α)'인 선생님에게만 가능할 것이다.

'알파(α)'는 선생님마다 다를 수 있다. '알파(α)'는 헌신뿐만 아니라 열정, 혜안, 명강, 유머, 해박 등 교사에게는 없는 남다르고 독특한 것일 수도 있다. 로어는 피카소에게 '1'이었다. 교사였다. 바르타는 피카소에게 '1+알파(α)'였다. 선생님이었다. 바르타에게 '알파(α)'가 있었기에, 피카소는 미술을 포기하지 않고 현대미술의 거장이 되지 않았을까.

나에게 '알파(α)'는 있는 것일까. 있다면 무엇일까.

교실(教室)
교실이 놀고 있다
– 만우절 풍경

교실이 놀고 있다
아이들은 들은 대꾸도 없이, 본체만체,
도란도란 얘기를 한다
이어폰을 나눠 끼고 음악을 듣는 아이들
끼리끼리 놀이하는 아이들
정말 겁도 없다
수업시간인데, 눈치도 없이, 다들 딴 짓들이다
오늘만큼은 형편없이 보이지도 않는다
오늘만큼은 속 터지지도 않는다
그냥 내버려둔다
교실을 원래 주인에게 돌려주었다
늘 그리했어야 했다
꼭 오늘만이 아니더라도

– 필자의 시 「교실이 놀고 있다」

교실은 당황스럽다. 교실은 하루도 변함없이 당황스럽다. 정해진 시간이 있고, 정해진 자리가 있고, 정해진 옷을 입고 있고, 정해진 사람이 와있어도 교실은 하루도 변함없이 당황스럽다. 물론 교사가 당황한다. 예측이 틀어져서 당황할 것이다. 기대하는 바와 달라서 당황할 것이다.

교사는 학생들에게 뭔가를 가르쳐야 한다는 의무에 갈등한다. 교사는 가르치는 의무가 없으면 학생들 앞에 설 이유도 없다고 여기므로 의무에 급급하다. 교사는 당황을 숨기고 학생들의 침묵을 기다린다. 하지만 학생들은 교사의 의무를 외면하기 일쑤다.

학생들이 침묵을 수용하는 데는 꽤 시간이 걸린다. 학생들은 교사의 애타는 모습에 간을 보고, 교사의 못마땅한 표정에 의아해하다가, 결국 교사의 격앙된 목소리에 하나둘씩 침묵에 동의하기 시작한다. 적당한 타협이 이루어지는 순간이다.

어색한 침묵 속에 비로소 교사의 의무가 시작된다. 교사는 기회를 놓칠세라 의무를 빌미로 벽돌을 찍어내는 형틀처럼 똑같은 것을 반복하여 찍어낸다. 다른 것이 나오면 불량품이다 말하면서 말이다. 규격에서 벗어나면 쓸모가 없다고 말하면서 말이다.

하지만 학생들은 다시 꿈틀거리기 시작한다. 학생들은 눈빛으로 몸놀림으로 저항하기 시작한다. 학생들이, 교실의 주인이 누구인지 깨닫기 시작하는 것이다.

왜 교사는 당황하는 걸까. 교사는 교실에서 자유를 가르치지 않는다. 아니 가르치지 못한다. 두려워서다. 교사 또한 교실에서 자유를 배운 적이 없기 때문이다. 교실에서의 자유는 이상한 것이다. 자유를 배운 적이 없는 교사는, 교사의 의무에 호시탐탐 도발을 꿈꾸는 자유로운 영혼들 앞에서 늘 당황스럽다.

영혼이 있는 교사가 교실에서 자유를 가르친다.

자세(姿勢)
배우는 사람의 자세

공자가 말했다.

"스스로 알려고 고민하지 않으면 가르쳐주지 않고, 표현하지 못해 괴로워하지 않으면 일깨워 주지 않으며, 사각형의 한 귀퉁이를 알려주어 세 귀퉁이를 알지 못하는 자에게는 되풀이해서 가르치지 않는다."

子曰 不憤不啓 不悱不發 擧一隅 不以三隅反 則不復也
(자왈 불분불계 불비불발 거일우 불이삼우반 즉불부야)

– 논어(論語) 술이(述而)편 8장

공자께서 가르침을 받을 자를 선별한 것은 뼈아프다. 아무나 가르침을 받을 수 없다는 것이다. 아무나 가르침을 주어서도 안 된다는 것이다. 공자께서는 세 가지 조건을 통과하지 못하면 가르침을 주지 말라고 한다.

첫 번째는 '스스로 알려고 고민하지 않으면 가르쳐주지 말라'고 한다. 배우는 자는 모르는 것에 분해하고, 알려고 애태우는 모습을 보여야 한다는 것이다. 스스로 터득하려고 부단히 노력하지 않으면 가르쳐 주지 말라는 것이다.

두 번째는 '표현하지 못해 괴로워하지 않으면 일깨워 주지 말라'고 한다. 배우는 사람은 뭔가를 들어 받았을 때 그 뜻을 말로 표현하려고 애태우는 모습을 보여야 한다는 것이다. 그렇지 않으면 말문을 열어주지 말라고 한다. 배우는 사람은 최소한 뜻을 말로 표현하려고 입을 들썩이는 시늉이라도 해야 한다는 것이다.

마지막 세 번째는 '사각형의 한 귀퉁이를 알려주어 세 귀퉁이를 알지 못하면 되풀이해서 가르치지 말라'고 한다. 배우는 사람은 하나를 가르치면 세 개는 깨우치려 해야 한다는 것이다. 그렇지 않으면 더는 가르치지 말라고 한다.

결론은 공자께서는 배우려는 자가 배우려는 자세를 갖추지 않으면 배움을 주지 말라는 것이다.

하지만 요즘의 세태는 그렇지 못하다. 스스로 알려고 하는 자도 드물지만, 스스로 알려고 하지 않아도 가르쳐주어야 한다. 표현하지 못해 괴로워하는 자도 드물지만, 표현하지 못해 괴로워하지 않는 자에게도 일깨워 줘야 한다. 하나를 알려주어 하나를 아는 자도 드물지만, 하나도 제대로 이해를 못하는 자에게 세 개도 알려주어야 한다.

물론 시대가 변했다. 시대를 탓할 수는 없다. 다만 배우는 자의 자세는 변할 수 없을 것이다.

배우고자 한다면, 먼저 배우려는 자세를 갖추어야 할 것이다.

교사(教師)
맹자의 교육법

■ 가는 자는 쫓지 않고, 오는 자는 거부하지 않는다. 나에게서 떠나는 자는 떠나는 대로 두고, 가르침을 받고자 오는 자는 그 사람의 과거에는 구애됨이 없이 맞이한다.

■ 가르치는 데에도 역시 여러 가지 방법이 많다. 내가 탐탁하게 여기지 않아서 가르쳐 주지 않는다면, 그것 역시 하나의 교육 방법일 따름이다. 그렇게 거절함으로써 당자를 격하게 하여 반성하게 하고, 또는 분발하도록 하는 것 역시 가르쳐 주는 방법의 하나가 될 것이다.

■ 개나 고양이에게 먹을 것을 주는 것처럼 꾸짖으면서 준다면, 길 가는 사람이라도 받기를 꺼릴 것이다. 발로 차는 것처럼 준다면, 거지일지라도 좋아하지 않을 것이다. 진심으로 베푸는 것이 아니라면 아무 은혜라 할 수 없는 것이다.

'배움에 심성과 자질을 갖추지 않은 자에게 가르침을 줘서는 안 된다' 라고 말한 공자의 교육법과 다르지 않다. 오히려 맹자는 단호하다. 맹자의 교육법은 '가는 자는 과감히 버리고, 오는 자는 성심으로 가르친다' 로 요약된다. 달래서, 얼러서, 호구지책으로 어쩔 수 없이 하는 교육은, 이미 교육의 본질을 벗어난다고 여긴 것이다. 그런 교육자는 교육자가 아니란 말과 다르지 않다.

교육자는 교육의 주체이다. 교육자는 교육을 지탱하는 요체이다. 교육자가 바로 서야 교육이 바로 설 수 있다. 교육자가 교육 현장에 남느냐 떠나느냐는 스스로 결정지을 수 있어야 한다. 교육 밖에서 결정짓게 해서는 안 된다.

자신의 자질과 역량이 교육자로서 결격하다고 판단되면 스스로 떠나야 한다. 교육적 판단으로 가르쳐야 할 자를 선별하고, 가르쳐야 할 자를 성심을 다해 소신껏 가르칠 수 있는 자질과 역량이 있는 교육자는 응당 교육현장을 지켜야 한다. 교육 밖에서 휘둘려서는 안 된다.

요즘 자유시장 경제논리로 교사선택권을 당연시하는 교육현장에서 교육주체로서 교사가 무엇인지 생각해 본다.

교단은 교사들이 자신의 뜻을 펴는 곳인데, 요즘 선생님들이 자꾸 움츠려 드는 것 같아서 안타깝다.

나란히 함께 간다는 것은

철길은 왜 나란히 가는가
함께 길을 가게 될 때에는,
대등하고 평등한 관계를 늘 유지해야 한다는 뜻이다
토닥토닥 다투지 말고 어느 한쪽으로 기울지 말고,
높낮이를 따지지 말고 가라는 뜻이다
철길은 왜 서로 닿지 못하는 거리를 두면서 가는가
사랑한다는 것은 둘이 만나 하나가 되는 것이지만,
하나가 되기 위해서는 둘 사이에 알맞은 거리가 필요하다는 뜻이다
서로 등을 돌린 뒤에 생긴 모난 거리가 아니라,
서로 그리워하는 둥근 거리 말이다
철길을 따라가 보라
철길은 절대로 90도 각도로 방향을 꺾지 않는다
앞과 뒤 왼쪽과 오른쪽을 다 둘러본 뒤에,
천천히 둥글게 커다랗게 원을 그리며 커브를 돈다
이 세상의 모든 사랑도 그렇게 철길을 닮아가라

– 안도현의 시 「나란히 함께 간다는 것은」

　철길에 교육을 비춰본다. 닮아있다. 철길에 두 길이 있다. 철길 하나가 스승의 길이라면, 또 다른 길은 제자의 길로 다가온다. 각각은 한 방향이지만 길은 다르다.

　다른 두 길은 마주보며 나란히 있다. 한쪽이 나아가면, 다른 쪽이 따라온다. 다른 쪽이 나아가면, 한쪽이 따라온다. 스승이 나아가면 제자가 따라오고, 제자가 나아가면 스승이 따라온다. 한 발짝도 먼저 가지 못한다.

　철길은 둘이 맞닿아도 안 된다. 두 길이 철저한 평행이다. 사제도 정확히 간격을 유지해야 한다. 가깝지만 멀고, 멀지만 가깝다. 간격이 무너지면 기차는 탈선한다. 사제도 간격이 무너지면 관계는 깨진다.

　기차는 철길과 간격으로 달린다. 사제도 각자의 길과 간격으로 앞을 향해 간다. 기차와 사제는 '동행'이라는 이름으로 목적지를 향해 달린다. 사제가 나란히 함께 가는 교육은 '동행'의 다른 이름이 아닐까.

> 기우뚱기우뚱 가더라도, 철길이 다치지 않게 가 보자. 지금은 아름다운 동행처럼 느껴지지 않아도, 동행의 느낌은 포기하지 말자.

칭찬(稱讚)

칭찬 한마디로 꿈을 이루다

1945년 파리의 뒷골목 선술집에서 한 청년이 홀로 술을 마시고 있었다. 그는 이탈리아 베니스에서 부유한 상인의 아들로 태어났으나, 2차 세계대전 후 그의 집은 몰락했다.

그는 적십자사에서 아르바이트를 하다가 성실성을 인정받아 운 좋게 회계직원으로 일했다. 하지만, 거기서 받는 월급으로는 많은 가족들을 부양하기에 턱없이 모자랐다. 그는 새 옷을 사 입을 돈도 없어 스스로 옷을 지어 입었다. 다행히도 옷을 재단하고 만드는 손재주가 좋아 그가 만든 옷은 제법 맵시가 났다.

그는 술집에서 나와 거리로 나섰다. 그런데 화려한 차림의 귀부인이 그에게 말을 걸었다.

"지금 입고 있는 옷 어디서 샀냐? 아주 멋진걸!"

그는 직접 만든 옷이라고 했다. 그러자 귀부인이 깜짝 놀라며 말했다.

"직접 만들었다고? 그렇다면 계속 도전해봐. 아마 큰돈을 벌 수 있을 거야!"

청년은 귀부인의 말에 으쓱해졌다. '내 솜씨가 그 정돈가?' 하는 자신감이 솟았다. 알고 보니 그 귀부인은 유명한 백작부인이었다.

이듬해 그는 적십자사를 그만두고 자신의 매장을 차렸다. 처음으로 자신의 이름을 걸고 의상실을 시작한 것이다. 그는 운 좋게 바로 그 해에 영화 '미녀와 야수'의 의상 제작을 맡았다.

자신감이 오른 그는 내친김에 곧바로 패션쇼까지 열었다. 그러자 사업은 순풍에 돛을 단 듯 술술 풀려나갔다. 그는 타고난 디자인 감각으로 시대를 이끄는 의상을 계속 선보여 호평을 받았고, 마침내 세계적인 디자이너로 인정을 받게 되었다.

1974년 12월 미국 타임지는 그의 얼굴을 표지에 올리고 '금세기 유럽 최고의 디자이너'라고 극찬했다. 이 사람이 바로 '피에르 가르뎅'이다.

– 양태석의 『이야기 속에 담긴 긍정의 한 줄』에서

pierre cardin

칭찬에는 마법의 문이 있다. 문은 특이하다. 안에서는 문을 열 수가 없다. 밖에서만 문을 열 수가 있다. 밖에서만 마법이 풀린다. 안팎의 분위기도 특이하다. 문 안은 잠을 잔다. 문밖은 무심하다. 마법의 문이 쉽게 열리지 않는 이유이다.

칭찬은 마치 잠자는 사자를 깨우는 것과 닮아있다. 어렵사리 사자를 깨우면 사자의 위용이 드러난다. 깨우지 않으면 사자는 그저 잠에 취하거나 깨어나더라도 먹이를 찾을 뿐 도모하지 못한다. 칭찬에, 알아보는 사람과 알아먹는 사람이 드물다는 것이다.

흘려 말하고 흘려듣는 가벼운 칭찬을 이야기하려는 것은 아니다. 잠자는 사자를 깨우는, 마법의 문을 여는, 위력을 발하는 칭찬을 이야기하려는 것이다.

잠자는 사자 피에르 가르뎅을 한눈에 알아본 백작부인, 귀부인의 칭찬을 새겨듣고 계속 도전한 피에르 가르뎅. 평범을 비범으로 만들고, 둔재를 천재로 만드는 칭찬, 마법의 문은 칭찬할만한 자와 칭찬받을만한 자의 합작으로 열리는 것이다.

여러분은 칭찬받을만한 사람인가? 칭찬할만한 사람인가?

유의태가 허준에게 남긴 유서

허준은 보아라. 내 죽음을 누구보다 서러워할 사람이 너임을 알기에 이 글을 너에게 남긴다. 나는 내게 닥쳐오는 죽음을 보았고, 기꺼이 그 죽음을 맞이하려 했을 뿐이다. 생사윤회의 법칙을 깨닫는다면 스스로 겪어야 할 죽음은, 태어나던 순간 이미 결정된 모든 인간들의 예정된 운명의 길이니 서러운 일만은 아닐 것이다.

60평생을 살다 가는 나 같은 자에게 더는 무슨 여한이 있을까마는, 소리 없이 서서히 어김없이 닥치는 그 죽음의 발소리를 들으며 나는 생각하고 또 생각했다. 강보에 싸인 어린아이로부터 이 세상에 유용한 젊은이, 평생 타인을 위해 덕을 쌓은 귀한 인물, 평생 호강을 모르고 고생에서 헤어나지 못하는 측은한 인생까지, 마구 죽음에 이르게 하는 만병의 정체를 캐고 밝혀서, 남을 해치고 악업을 일삼는 자가 아니거든 그들로 하여금 천수가 다하는 날까지 무병하게 오래오래 생명을 지켜줄 방법은 없을까 하고 말이다.

이는 의원이 된 자의 본분이요, 열 번 고쳐 태어나도 다시 의원이 되고자 하는 자에게는 너무도 간절한 소망일 것이다. 허나 나 또한 내 몸속에 불치의 병을 지니게 되었으니 병과 죽음의 정체를 캐낼 여력이 이미 없다.

이에 내 생전의 소망을 너에게 의탁하여, 나의 제자 허준이가 세상의 어떤 병고도 마침내 구원할 만병통치의 의원이 되기를 빌며, 병든 몸이나마 너 허준에게 주노라.

허준은 명심하라. 염천 속에서 내 몸이 썩기 전에 지금 내 몸을 가르고 살을 찢어 사람의 오장과 육부의 생김새와 그 기능을 똑똑히 보고 확인하고, 사람의 몸속에 퍼진 삼백예순다섯 마디의 뼈가 얽히는 이치와 머리와 손끝과 발끝까지 퍼진 열두 경락과 요소를 살피어, 그로써 네 정진의 계기로 삼기를 바라노라. - 이은성의 『소설 동의보감』에서 큰 나무 아래에서 자랄 수 있는 나무는 없는 것일까. 물론 없다. 큰 나무 아래에서 햇빛을 보지 못하고, 큰 나무가 양분을 모조리 빨아 먹는데 어찌 작은 나무가 자랄 수 있을까.

MBC 드라마 '구암 허준'의 한 장면

하지만 작은 나무가 큰 나무 아래에서 자랄 수 있는 방법이 한 가지 있다. 큰 나무가 작은 나무에게 자신을 모조리 넘겨주면 가능하다. 큰 나무가 작은 나무를 위해 자신을 희생하면 가능하다.

고금에 스승을 능가하는 제자 뒤에는 스승의 희생이 있었다. 유의태가 허준에게 그랬다. 스승 유의태가 제자 허준에게 그랬다. 당시 불치병이었던 반위(위암)에 걸린 스승 유의태는 제자 허준에게 마지막 서찰을 남기고 스스로 목숨을 끊는다.

유서에서 유의태는 허준에게 자신의 몸을 해부하여 만병의 이치를 밝혀, 세상의 모든 병든 이들의 고통을 덜어달라고 당부한다. 유의태가 가공된 인물과 설정일지 모르겠지만, 15년 동안 명저『동의보감』을 집필한 태의(太醫) 허준을 제자로 둔 스승이라면 능히 그러했으리라. 죽으면서까지 자신의 몸을 바쳐 세상의 밑알이 되길 소망했던 신의(神醫) 유의태의 유서. 한 자 한 자가 큰 감동으로 다가온다.

사제지간에 나누는 인간애에 대한 끝없는 하향이 참으로 아름답다. 참으로 부럽다.

시험

하나님도 말린 시험
인간이 부활하여
평생 굴레를 쓰고 산다

세상에 시험 아닌 것은 없다
정치도, 종교도, 문화도,
심지어 사랑도 시험을 치러야 번성한단다

이젠 비장한 모습으로
시험지를 뒤적이는 아이들의 모습이
오히려 자연스럽다

이렇게 길들인 시험이기에
고 놈은 날이 갈수록
인간을 비웃으며 오만해져 간다

– 박경균의 『뒤죽박죽 살지만 재미있다』 중에서

과거제도는 고려 광종 때(광종 9년, 서기 958년) 처음으로 시행되었다. 인재를 등용하기 위한 목적에서다. 과거제도는 이름을 바꿔가며 천년이 넘게 존속되고 있다.

국가나 사회의 중책을 아무에게나 맡길 수는 없다. 리더의 자질은 조직의 성패를 결정짓기 때문이다. 인재를 발굴하여 인재를 키우고, 인재를 쓰임에 맞게 등용하는 일은 국가나 사회의 조직에 중차대한 과제다.

하지만 시험이 사람들을 한 줄로 세우고, 수직으로 계층을 나누기 위한 수단으로 이용된다면 시험은 인간을 지배하는 도구에 불과하다. 시험은 다수에게 '고문'이 아니라 '기회'가 되어야 한다. 기회는 수직적 기회가 아니라 수평적 다원적 기회가 되어야 한다.

요즘의 시험은 잔인하다. 교묘하고 지능적이다. 교과는 물론이고 남에게 봉사한 것도, 자연스러운 행위도 점수를 매긴다. 심지어 얼굴까지 점수를 매긴다. 숫자가 인간을 지배하고 있는 것이다. 교육이 비교육적인데, 그런 교육을 세상 밖으로 내보낸다.

박경균 시인은 시험의 굴레에 길들여진 아이들을 안타깝게 바라본다. 인간을 비웃으며 점점 더 오만해져 가는 시험을 경계하고 있다.

박경균 시인은 필자와 같은 학교에서 근무했고, 지금까지 수어지교(水魚之交)로 지내고 있다. 시험을 놓고 함께 고민하고 아파했던 시절이 그립다.

실패에는 성공의 향기가 난다

나는 실패입니다.
눈물을 질질 잘 짜기도 하고
땅을 치며 통곡을 잘하기도 합니다.
아무짝에도 쓸모가 없는 나는
어느 날 죽기로 결심을 했습니다.
나는 내 얼굴처럼 못생긴 모과가 되어
조용히 썩어가기 시작했습니다.
썩어간다는 것은 큰 고통이었습니다.
그러던 어느 날이었어요.
"얘, 이 모과향 정말 좋다. 어디서 났니?"
참으로 뜻밖의 말이었어요.
썩어가는 나한테서 좋은 향기가 난다니!
나는 그때 문득 돌아가신 아버지의 말씀이 생각났습니다.
"얘야, 실패를 너무 두려워하지 말아라.
실패에는 성공의 향기가 난단다."

– 정호승의 시 「실패에는 성공의 향기가 난다」

썩는 냄새는 고약하다. 썩은 냄새는 더 고약하다. 눈물을 질질 짜고, 통곡을 하고, 죽기를 결심하는 것은 실패의 모습니다. 그런 실패의 모습에서 성공의 향기가 난다는 것은 억지스럽다. 실패에는 실패의 냄새가 나는 것이 자연스럽다.

그럼 예외가 있다는 것일까? 모과가 그러하다. 모과는 분명 썩어 가면서 향기를 낸다. 모과가 썩기를 끝내면 모과는 돌덩어리처럼 단단해진다. '경우의 수'라는 것일까. 썩어 문드러지면서 고약한 냄새를 풍기는 것이 있는 반면에, 모과처럼 썩어가면서도 향기를 풍기고 단단해지는 것이 있다.

실패를 끝으로 생각하는 사람은 실패에 실패의 썩은 냄새가 나고, 실패를 시작으로 생각하는 사람은 실패에 성공의 향기가 나지 않을까. 실패는 냄새와 향기의 경계에 있는 것이다.

실패라고 느껴지거든 모과를 책상 위에 놓고 향기에 취해 보라. 모과향은 '실패는 또 다른 시작'이라고 속삭일 것이다.

시험(試驗)
국문학자 양주동 박사의 맛있는 시험

■ 명답안

양주동 박사는 학기말 고사 시험문제로 '사랑'이란 문제를 출제했다.

많은 학생들이 8절지 문제지에 앞뒤로 메웠다. 대부분 학생들이 사랑은 주는 것, 받는 것, 달콤한 것 등, 주절주절 답안을 작성했다.

그런데 한 학생은 시험 종료시간까지 고심하고 있다가 간단하게 정답을 썼다.

'사랑은 눈물의 씨앗이다.'

그런데 그 학생의 시험점수는 앞뒤로 쓴 학생들보다 훨씬 높은 점수를 받았다. 양주동 박사는 그 답안이 '모두가 압축된 정의'라고 했다.

■ 선풍기 채점

양주동 박사의 시험채점방법은 간단하다. 바닥에 간격을 두고 선을 그어 A, B, C, D, E, F 표시를 하고 선풍기를 세게 틀어놓고 정답지를 날려서 학점을 매기는 것이다.

'정답의 내용이 충실하면 정답지가 무겁다.'는 것이다.

– 양주동 박사의 일화 중에서

대한민국 석학 양주동 박사

양주동 박사에게 시험은 재롱잔치다. 시험은 재롱떠는 마당일 뿐, 누가 잘 했는지를 가리는 것은 '요놈 이쁜 놈'이다. 답안이 정답에 가깝든 멀든 점수는 요행(僥倖)이다.

또한 양 박사는 시험을 아낌없이 조롱한다. 답안을 꽉꽉 채운다고 답안지가 선풍기에 덜 날리겠는가. 시험을 마구 혼내주고 있는 것이다. 시험문제를 낸 자신을 부정하는 것이다.

양 박사의 시험은 맛있다. 시험이 참 달다.

시험 때가 되면 마음이 편치 않다. 맛없는 시험에 한 몫 하는 것 같아서. 언젠가는 그런 맛있는 시험도 볼 날이 있겠지.

3.4km 활주로

인생은 한 방향으로 일관되게 꾸준히 나아가는 게 좋다.

인생은 얼마나 빨리 달리느냐 하는 속도가 아니라, 얼마나 옳은 방향으로 달리느냐 하는 방향이 중요하다.

비행기는 이륙할 때 3.4km 활주로를 달리면서 연료의 절반을 소비한다. 온 힘을 불태우는 것이다.

– 문용식의 『꾸준함을 이길 그 어떤 재주도 없다』 중에서

모든 것에는 때(時間)가 있다. 잠 잘 때가 있고, 곡식이 익을 때가 있고, 꽃이 필 때가 있다. 잠 잘 때에 숙면을 하면 몸이 개운하지만, 잠 잘 때에 잠을 못자면 몸이 망가진다. 곡식이 익을 때에 익으면 알곡이 되지만, 곡식이 익을 때에 익지 못하면 쭉정이가 된다. 꽃이 필 때에 꽃이 피면 아름답지만, 꽃이 필 때에 꽃을 피우지 못하면 추하다.

만사는 시간의 흐름 속에 뭔가를 결정짓는 때가 있다. 때가 어긋나면 다시 때를 기다리기도 하지만, 영원히 때가 다시 오지 않는 때도 있다. 때를 놓쳐서는 안 된다는 것이다. 때는 만사의 성패를 좌우하기 때문이다.

때는 무엇일까. 만사를 결정짓는 시기를 이를 것이다. 비행기가 연료를 넣고 안전점검을 마치고 활주로에서 이륙을 준비하고 있다. 날아갈 때가 된 것이다. '나느냐, 못 나느냐'를 결정짓는 때에 이른 것이다.

비행기가 이륙하는 데 걸리는 시간은 약 5분이다. 이륙하는 약 5분이 비행기의 상승뿐만 아니라 이어질 순항과 하강과 착륙을 결정짓는다.

5분의 이륙은 '방향'과 '에너지의 방출'이다. 비행기가 활주로의 방향을 이탈하면 비행은 좌절된다. 정해진 활주로 3.4km를 한 치의 오차도 없이 달려가야 한다. 한 치의 오차는 회항이나 추락까지 의미한다.

연료를 소모해야 한다. 에너지를 방출해야 한다. 비행기는 이륙할 때에 만재(滿載)된 연료의 절반까지 소모한다고 한다. 단 순간에 지상을 박차고 비상해야 하기 때문이다. 활주로의 방향을 따라 전력투구를 하는 것이다. 비상을 위해 연료를 불사르는 것이다. 온몸으로 사력(死力)을 다하는 것이다. 지금 이륙하지 못하면 비상할 수 없기 때문이다. 때가 왔기 때문이다. 때를 놓쳐서는 안 되기 때문이다. 때는 만사의 성패뿐만 아니라 운명까지 좌우할 수 있기 때문이다.

지금 여러분이 활주로 위에 있다면, 방향은 여러분의 목표이고 에너지의 방출은 여러분의 열정일 것이다.

집중(集中)
청춘의 이름, 안광(眼光)이 지배(紙背)를 철(徹)하다

성공하고 싶은가? 무엇을 성취하고 싶은가? 지금 성공을 위해 당신은 무엇을 하고 있는가? 성공한 후의 달콤한 꿈에 취해 있는가? 현실과 너무 먼 성공에 대한 괴리감으로 낙담하고 있는가?

성공하고 싶다면 우선, 성공에 대해 강력한 자기 최면을 걸어라. 잠재의식에 성공에 대한 강한 이미지를 각인시켜라. '내가 꿈꾸고 생각하는 대로 될 것이다' 라는 확신을 주입시키라. 그리고 행동하라.

양주동 박사가 하신 말씀이 있다. '안광(眼光)이 지배(紙背)를 철(徹)하다', '눈빛이 종이를 뚫을 정도로 집중하면 책 속에서 답이 보인다' 는 말이다.

흐리멍덩한 꿈을 꾸지 말고 제대로 꿈꾸어라. 안광이 지배를 철할 정도로.

– 수학 한석원 선생님의 강의 중에서

　돋보기로 햇빛을 모아 종이를 태워본 적이 있을 것이다. 연약한 빛이라도 초점을 맞추고 한 곳만 계속 비추면 종이를 태우는 강력한 힘이 일어난다.

　눈빛으로도 정말 종이의 뒷면을 뚫을 수 있을까? 불가능하다. 눈알이 이탈할 정도라도, 실명까지 될 정도라도 눈빛으로 종이를 뚫을 수는 없다. '종이를 뚫을 정도의 눈빛'은 집중력이다. 지속성이다. 끊임없이 집중하면 답이 밖으로 뛰어 나온다는 말일 것이다.

　'안광(眼光)이 지배(紙背)를 철(徹)하다'는 무아(無我)로 목표를 꿰뚫고 있는 '고독한 몰입'이다. 목표를 관통할 수 있으므로 성공하는 자의 길이다. '안광이 지배를 철하다'는 청춘의 이름을 넘어, 마땅히 '청춘의 이름'이 되어야 한다. 청춘은 모든 것이 가능하나 지나면 돌아갈 수 없기 때문이다.

　정말 안광이 지배를 철할까? 한 번 정도 실험해보는 게 어떨까.

베토벤의 몰입

베토벤은 22살부터 35년간 무려 79번이나 이사를 했다. 이웃들의 원성을 샀기 때문이다. 음악에 깊이 빠진 베토벤은 한밤중인 것도 잊고 피아노를 두드리기 일쑤였으며, 작곡을 하면서 방 안을 걸어 다니곤 했다.

그러던 어느 날, 이사를 다 하고 보니 베토벤이 보이지 않았다.

'아니! 도대체 어디로 간 거지?'

알고 보니 사정은 이랬다. 이사 도중 악상이 떠오른 베토벤은 그 자리에 마차에서 내려 멈춰 섰다. 그때부터 날이 샐 때까지 악보를 적는 일에 몰두했던 베토벤은, 그만 깜빡 잊고 새로 이사한 집이 아니라 전에 살던 집으로 돌아간 것이었다.

– 베토벤의 일화 중에서

악보 속에 휩싸인 베토벤을 떠올려 보면, 베토벤은 즐거워하고 있을까. 괴로워하고 있을까. 베토벤은 느닷없이 뛰쳐나오는 음표들을 요리하고 있을 것이다. 높게 낮게, 깊게 옅게, 빠르게 느리게, 끊고 잇고 음표를 요리하고 있을 것이다.

베토벤이 음악의 아름다운 선율에 취해 있다. 몰입(沒入)이다. 몰입은 하나의 생각에 전력(全力)을 다하고 있는 상태를 이른다. 자신을 잊고 있는 몰아(沒我)와 다르지 않다. 자신을 잊고 있을 정도면 즐겁지 않다고 할 수는 없을 것이다. 괴로웠다면 벗어나려고 몸부림을 쳤을 것이다.

몰입은 즐거움이다. 몰입은 즐거움으로 가는 지름길이다. 몰입은 분명 즐거움을 만드는 강력한 도구이다. 몰입이 창의를 만나면 즐거움을 뛰어넘어 베토벤처럼 신화를 창출하는 위력을 발휘하기도 한다.

문제는 몰입이 대상을 가린다는 것이다. 하고 싶은 것은 몰입하기 쉽지만, 하기 싫은 것은 몰입하기 어렵다는 것이다. 하기 싫은 것을 해야 할 때에는, '반드시 해야만 하는 것들을 사랑하는 법을 발견하라. 그러면 삶의 질이 높아질 것이다'라고 말한 니체의 충고가 있다. 해야만 하는 것이 하기 싫다면, 그것을 사랑하는 방법을 찾아야 할 것이다. 방법에 몰입이 있다.

몰입의 시작은 의지이다. 시작은 초(秒)만큼 순간이다. 순간이 지나면 몰입이다. 시작 후에는 몰입이 알아서 한다. 하기 싫은 것도 순간을 넘기면 얼마든지 몰입할 수 있는 것이다.

몰입은 즐겁다. 즐거워서 몰입하는 것이 아니라, 몰입하니까 즐거운 것이다.

공부는 몰입이다. 몰입이 순간의 의지를 만나면, 몰입의 문은 쉽게 열린다. 그리하여 공부는 즐거운 것이 되는 것이다.

모죽(毛竹)

중국, 한국, 일본에 서식하는 '모죽'이라고 하는 대나무가 있습니다. 이 대나무는 순이 나온 후 5년 동안 자라지 않습니다. 다른 대나무들이 잎이 나고 줄기가 자라서 다 클 때까지, 모죽은 그대로입니다.

하지만 5년이 지난 후 모죽은 놀라운 성장 속도를 보입니다. 하루에 70cm씩 자라 그 키가 25~30m가 됩니다.

5년 동안 자라지 않은 것이 아니었습니다. 땅 속으로 뿌리를 뻗고 있었습니다. 위로 더 높이 뻗기 위해 준비했던 것입니다. 모죽은 그 깊은 뿌리로 인해 높이 자랄 수 있었습니다.

모죽, 그 웅장함의 비결은 바로 5년에 걸쳐 뻗은 뿌리였습니다.

— 김난도의 『천 번을 흔들려야 어른이 된다』 중에서

모죽   크게 자란 대나무

뿌리의 공포를 이해할 수 있을까. 암흑이다. 파고들수록 더 암흑이다. 끝 모를 암흑이다.

순간일 것이다. 햇볕이 땅속에까지 스며든 어느 날, 뿌리는 알게 된다. 뿌리는 높이로 말할 수 없다는 것을 알게 된다. 뿌리는 넓이와 깊이로 밖에 말할 수 없다는 것을 알게 된다.

뿌리는 넓이와 깊이만큼 높아진다는 것을 알았을 때에서야, 비로소 공포를 숙명으로 받아들인다. 뿌리는 줄기와 열매가 자신과 한 몸이라는 사실을 깨닫고서야, 비로소 공포를 잊는다.

'모죽'은 그 세월이 5년이다. 공포의 세월이 5년이다. '모죽'은 땅속에서 공포를 견디며 철저히 준비했던 것이다. 묵묵히 때를 기다렸던 것이다. 공부, 알면 알수록 기쁘다 하지만, 알면 알수록 두려운 것이 공부다. 결국 공부는 두려움을 견뎌내는 것이다.

공부하는 사람은 두려움을 물리치는 사람이 아니라, 두려움을 견디는 사람이다.

독(毒)

은행나무의 독

은행나무처럼 사람들에게 사랑을 받는 나무가 또 있을까. 여름이면 푸른 그늘로, 가을이면 연인들의 쉼터로, 해를 지나서는 책갈피 사이에 끼워진 추억으로 늘 우리와 함께 있는 나무가 바로 은행나무다.

그런데 사실 은행나무는 은행나뭇과에서 오직 일 속(一屬), 일 종(一種)만 있는 외로운 나무다. 더구나 독립수라는 특성 때문에 숲을 이루지 못한다. 워낙 거수(巨樹)로 자라다 보니 주변에는 작은 풀조차 뿌리를 내리지 못한다.

은행나무는 병충해로부터 자신을 보호하기 위해 스스로 독을 만들어 낸다. 우리가 혈액순환제로 알고 있는 '징코민'이라는 것도 따지고 보면 은행나무가 만들어낸 일종의 독이다.

스스로 살기 위해, 자구책으로 독을 만들지만 결과적으로 그것은 주위의 모든 생명체를 물리치는 결과를 초래한다. 얼마나 독하면 집안의 개미를 없앤다고 일부러 은행잎을 방바닥에 깔아 놓을까.

차라리 제 몸 일부를 포기하고 다른 생명과 더불어 살면 좋으련만, 안타깝게도 은행나무는 오랜 시간 살아온 습성을 절대 버리지 못한다. 누구에게나 사랑 받으면서 오래오래 사는 은행나무지만, 그 행복 뒤에는 이렇게 '외로움'이라는 큰 대가가 따른다.

수천 년 버티는 동안 은행나무는 얼마나 힘들었을까. 그렇게 여유로운 모습 속에, 화사하게 달린 노란 이파리 속에 그런 인내와 고통이 숨어 있다는 걸 누가 알아줄지. 긴 시간 버틴 끝에 굵은 몸집으로 우뚝 선 은행나무. 아름드리 은행나무를 보면 전해주고 싶은 말이 있다.

"외로워도 잘 버텨라. 너에게는 그래도 너를 사랑하고 아껴주는 사람들이 있잖니."

　　－ 우종영의 『나는 나무처럼 살고 싶다』 중에서

전주향교에 있는 수명 480여 년 된 은행나무

은행나무에게 천 년 수명의 대가는 가혹하다. 독과 외로움이다. 은행나무는 스스로 독을 만든다. 은행나무는 뿌리부터 줄기, 열매까지 독으로 가득하다. 독기를 품고 살려니 얼마나 쓰리고 아플까.

독을 덜어낼 수도 없다. 독을 버리면 자신을 지킬 수 없기 때문이다. 주변과 타협하지도 못한다. 가까이 둘 수 있는 것도 없다. 외로움이 일상이다. 평생 '외로운 독배'를 마시면서도 인간에게 늘 넉넉했던 은행나무. 대가를 다 치루고 길거리에 떨어진 은행잎을 무심코 밟을 일은 아니다.

독하지 않으면 자신을 지킬 수가 없다. 견딜 수 있을 만큼의 '독'은 '약'이 아닐까?

상상력(想像力)
기린의 목

기린의 긴 목은 높은 가지의 잎을 따 먹기 위해서래

낮은 가지는 작은 짐승들 몫이라
점잖은 기린의 목이 사다리차의 사다리처럼 길어진 거래

언젠가 아프리카에 잎이 모자라면
기린의 목은 또 길어져 바다를 건너올지도 몰라

그러면 신 나겠지
기린의 목을 타고 아프리카로, 유럽으로
어쩜 달나라까지 갈 수 있을지도 몰라

– 박방희의 시 「기린의 목」

동심(童心)의 상상력은 참으로 엉뚱하다. 동심은 기린의 목이 사다리가 된다. 사다리는 아프리카로 유럽으로 달나라까지 이어진다.

동심의 상상력은 참으로 기발하기까지 하다. 어른이 들으면 머리 한 대 쥐어박을 짓이다. 하지만 꼭 쥐어박을 짓만은 아니다. 비록 비현실적인 허무맹랑한 상상이라 하더라도 동심의 상상력을 무조건 무시할 일은 아니다. 언젠가 그런 상상이 새로운 세계를 열지 모르기 때문이다. 기린의 긴 목으로부터 발상하여, 사다리에 레일을 얹고 대륙을 횡단하는 사다리 열차가 놓아지지 않으리라는 법은 없기 때문이다.

세계는 눈으로 보이는 세계가 있고, 눈으로는 보이지 않는 세계가 있다. 눈으로는 보이는 않는 세계를 보는 방법이 바로 상상력이다. 상상력은 눈으로 보는 세계가 아니라, 마음으로 보는 세계이다.

눈으로 보이는 현상이 아닌, 현상 너머에 숨겨져 있는 가능성을 끄집어내는 것이 상상력이다. 현상 너머에 있는 진실, 본질까지도 꿰뚫어 볼 수 있는 것이 상상력이다.

상상력은 지식이나 이성이 지배하는 논리나 인과가 아니다. 우리가 흔히 이야기하는 큰 꿈이나 웅대한 비전은 논리나 인과로 이루어지는 것은 아니다. 상상력의 산물이다. 상상력의 작용이 없이는 큰 꿈이나 큰 비전은 이루어지지 않기 때문이다.

나폴레옹은 '세계를 지배하는 것은 상상력이다' 라는 명언을 남겼다. 세계의 오늘과 내일의 '변화와 질서'를 꿰뚫어 볼 수 있는 길은, 오직 상상력에 의해서만 가능하기 때문일 것이다. 세계의 현재와 미래를 창조할 수 있는 길은, 오직 상상력에 의해서만 가능하기 때문일 것이다. 상상력은 창조의 위대한 동력이기 때문이다.

상상력은 날개로 통한다. 상상력이 날 수 있게 하지만, 조절할 수도 있게 해준다는 것이다.

아하! 경험

  심리학자 쾰러(W. köhler, 1887~1967)는 침팬지를 통해 다음과 같은 실험을 했다. 침팬지 여섯 마리가 있는 우리의 천장 높은 곳에 바나나를 달아놓았다. 뛰어서는 닿을 수 없는 높이였지만, 배고픈 침팬지들은 계속 뛰어 바나나를 먹고자 하였다.

  그런데 술탄이란 이름을 가진 침팬지는 몇 번 뛰어보았으나 닿지 않자 뛰는 일을 멈추고, 한쪽에 놓아두었던 상자를 바나나 밑에 가져다 놓고 그 위에 올라가 뛰어 목적을 달성하였다. 그러자 다른 침팬지들도 술탄을 따라 했다. 이런 일이 여러 번 반복된 후, 침팬지들은 뛰어보지도 않고 처음부터 상자를 사용하였다.

  그 후 쾰러는 바나나를 더 높은 곳에 달아놓는 실험과 우리 밖에 바나나를 놓고 막대를 사용토록 하는 실험을 했다. 상자를 두 개 포개었을 때 바나나를 따는 실험 역시 술탄은 많은 시간이 걸렸지만 해결하였으며, 막대를 두 개 이어서 사용하는 것 역시 결국 성공하였다.

  쾰러는 침팬지들이 갑자기 도구의 효용성을 '아하!' 하고 발견하는 것은 통찰을 통해 가능해졌다고 보았고, 이 같은 통찰에 의해 문제를 해결한 것을 '통찰학습' 이라 불렀다.

  – 교육심리학의 통찰학습이론

퀼러의 침팬지 실험의 한 장면

'아하!' 는 감탄사다. '아하!' 는, 미처 생각하지 못한 것을 깨달았을 때 가볍게 내는 소리이다. 듣기 좋고 참 반가운 소리다. 침팬지 슐탄이 상자를 발견하고, 막대를 발견하고 냈던 소리가 '아하!' 였을 것이다.

먹을 것이라고는 천장 높은 곳에 매달려 있는 바나나 밖에 없는 상황에서, 우리에 갇혀있는 여섯 마리의 침팬지들은 어떠했을까. 점점 배가 고팠을 것이다. 바나나를 잡으려고 손을 뻗었을 것이다. 발을 동동거리며 뛰었을 것이다. 그림의 떡을 포기하고 싶었을 것이다. 허기지고 눈깔이 돌아갈 지경에 이르렀을 것이다. 하루 이틀 지나서는 절망에 빠져 눈빛이 칼빛으로 변했을 것이다. 살육을 떠올렸을지도 모른다.

하지만 지혜로운 슐탄이 있었다. 최악의 상황을 막은 슐탄의 빛나는 지혜가 있었다. '아하!' 였다. 상자의 발견이었다. 막대의 발견이었다. 도구의 발견이었다.

우리는 늘 문제에 부딪친다. 오랜 시간을 들여서 문제를 붙들고 있어도 문제는 해결되지 않는다. 공을 들이고 정성을 들여도 문제는 해결되지 않는다. 난감해 한다. 포기하고 싶어진다. 절망에 빠진다. 도구의 발견이 없었던 것이다. 도구의 발견, 곧 통찰이 없었던 것이다.

통찰은 시간의 길이를 뜻하는 것은 아니다. 통찰은 에너지의 소진을 뜻하는 것은 아니다. 통찰은 문제를 꿰뚫어 보고 방법을 찾는 것을 말한다. 문제를 해결하는 과정에서 그야말로 순간의 영감처럼 탁 하고 튀어 오르는 것이 통찰이다.

학습에 적용하면 계단식 수직상승과 흡사하다. 학습은 평면, 그리고 수직상승의 반복이다. 평면이 통찰, 즉 도구를 발견하는 과정이고 수직상승이 '아하!' 의 경험이다. 학습은 '아하!' 의 반복된 경험이다. 학습은 '아하!' 의 연발이다.

침팬지의 지능지수는 10 정도라고 한다. 침팬지가 그러한데, 우리 인간이 찾아낼 수 없는 '아하!' 가 있을까?

중용(中庸)이 전하는 공부법

人一能之己百之(인일능지기백지)
人十能之己千之(인십능지기천지)

남이 한 번에 능하거든 나는 백 번을 한다.
남이 열 번에 능하거든 나는 천 번을 한다.

– 중용(中庸)

도올 김용옥 선생

공부는 정직하다. 공부는 거짓말을 하지 못한다. 공부는 순진해서 속이지를 못한다. 공부는 공부한 만큼만 밖으로 드러난다. 사람이 공부를 속일 수는 있어도, 공부는 공부를 속이지 못한다.

공부는 숨지도 못한다. 공부는 있는 그대로 적나라하다. 비단결처럼 곱기도 하고, 맵시가 나기도 한다. 곰팡이가 슬기도 하고, 먼지만 날리기도 한다. 바닥을 기기도 하고, 날개 달고 하늘을 날기도 한다.

공부는 빈틈을 허용하지 않을 만큼 잔인하기도 하다. 공부는 여유를 허락하지 않는다. 공부는 실수를 용납하지 않는다. 자로 재면 한 치의 오차 없이 수치가 나온다.

다만 공부는 속도에게 만큼은 인자하다. 시간을 재촉하지 않는다. 굼벵이처럼 느긋하기도 하고, 번개처럼 재빠르기도 하다. 사람이 공부를 닦달하지 않는 한, 공부는 사람을 닦달하지 않는다.

누구는 한 번에 능할 수 있고, 누구는 백 번에 능할 수 있다. 누구는 열 번에 능할 수 있고, 누구는 천 번에 능할 수 있다. 공부는 누구에게나 능할 수 있는 기회를 준다. 사람이 기회를 버리지 않는 한 공부는 사람에게 기회를 준다. 공부는 기회를 버리는 사람을 책망하지도 않는다. 공부는 그저 사람에게 기회를 주는 사명을 묵묵히 해낸다.

다만 한 가지, 공부가 사람에게 요구하는 것이 있다. 정직이다. 기회를 주되 정직을 요구한다. 열 번이고, 백 번이고, 천 번이고 기회를 주는 대신 정직하라고 요구한다. 공부의 결과는 정직의 결과일 뿐이라고 넌지시 말하면서 말이다. 공부가 정직하지 않으면 누가 공부를 하겠냐고 반문하면서 말이다.

'인일능지기백지 인십능지기천지(人一能之己百之 人十能之己千之)'는 도올 김용옥 선생의 좌우명이라고 한다. 김용옥 선생은 참으로 공부를 아시는 분이다. 공부를 손 위에 놓고 쥐락펴락 하시는 분이다. 김용옥 선생은 스스로 자기 머리를 돌로 여겨 호를 '도올'로 짓고, 좌우명대로 학문에 매진하여 우리 시대를 대표하는 최고의 지성인이 되신 분이다.

물론, 공부에 얼마나 정직한지는 자신만이 알 수 있다.

명품(名品)
명품은 하루아침에 이루어지지 않는다

명품은 숱한 고민과 고통 속에서 창조된다. 어려움을 참고 견디며 날마다, 꾸준히, 계속하는 가운데 비로소 명품이 탄생한다.

베토벤은 한 곡을 최소한 12번 이상 고쳐 썼다.

미켈란젤로는 '최후의 심판'을 그리는 데 8년 투자했다.

레오나르도 다 빈치는 '최후의 만찬'을 그리는 데 10년을 투자했다.

헤밍웨이는 『노인과 바다』를 무려 80번이나 퇴고하여 완성했다.

사마천은 『사기』 총 130편을 자료를 수집해가며 18년 동안 썼다.

박경리는 대하소설 『토지』를 26년에 걸쳐 완성했다.

조지 밴크로포트의 『미국사』도 26년이 걸렸다.

노아 웹스터는 『웹스터 사전』을 편찬하는 데 36년이 걸렸다.

아담 클라크는 『성서주해』를 40년에 걸쳐 완성했다.

괴테는 『파우스트』를 23세부터 쓰기 시작하여 82세에 완성했다. 무려 60년이 걸린 것이다.

– 양태석의 『이야기 속에 담긴 긍정의 한 줄』 중에서

날마다, 꾸준히, 계속
명품은 하루아침에 이루어지지 않는다.

명품은 생명력이다. 살아있으니 버려지지 않는 것이다. 버려지지 않았으니 살아있는 것이다. 사람은 길어도 백수를 못 넘기지만, 명품은 백수, 천수를 누린다. 명품은 참으로 질기다. 사람이 명품을 만들면서도 인생은 참으로 짧다.

베토벤부터 괴테까지, 그들에게 묻고 싶다. 당신들은 어떻게 명품을 만들었습니까. 명품의 비결은 무엇입니까. 답이 없다. 그들은 지금 이 세상 사람들이 아니기 때문이다. 아마 그들도 그들의 작품이 지금까지 살아있을 거라 예상을 못했을지도 모른다. 짐작할 수밖에 도리가 없다.

8년, 10년, 26년, 36년, 40년, 60년. 시간이 참 길다. 처음부터 긴 시간을 예상했을까. 목숨이 다해 미완성으로 끝나면 헛고생일 텐데, 두렵지는 않았을까. 대충 마무리하려는 유혹은 없었을까. 생계의 막막함은 없었을까. 이렇게 완성하고 세상에 내놓으면서, 세상 사람들의 비난은 두렵지 않았을까. 정말 날마다, 꾸준히, 계속 작업을 했을까. 그 기간 동안에 쉰 기간은 없었는지 슬쩍 한 번 묻고도 싶다.

하지만 그들은 의문에 답을 해줄 수가 없다. 다만 그들의 이름과 작품은 아직도 사라지지 않고 남아있다. 우리들 곁에서 떠나지 않고 있다. 우리가 말을 걸면 뭐라 말을 한다. 우리가 툭 건들면 뭔가 튀어나올 듯하다. 살아있는 것이다. 단순히, 명품은 죽지 않고 살아있는 것이었다. 죽으면 명품이 아니라고 넌지시 눈짓하면서 말이다.

명품은 혼이 살아있어 사람을 알아본다. 여러분이 명품을 알아볼 수 있다면, 여러분 또한 명품을 만들 수 있을 것이다.

천재(天才)와 둔재(鈍才)
모차르트와 살리에리

    모차르트의 생을 그린 영화 '아마데우스'에 보면 살리에리라는 당대 최고의 음악가이자 궁중악사가 나온다. 그는 신께 자신을 음악으로 신을 찬양하는 도구로 써달라고, 최고가 되고 싶다고 빌고 또 빈다. 하지만, 모차르트라는 걸출한 천재의 등장으로 빛을 보지 못하고, 절망 속에서 모차르트라는 인물을 회상하면서 죽어간다.

    살리에리의 불행의 원천을 찾아보자면, 당연히 천재음악가 모차르트의 '존재'였을 것이다. 하지만, 당시 모차르트는 썩 인정받는 음악가는 아니었다. 모차르트는 돈을 흥청망청 써버려서 모차르트의 부인이 살리에리에게 악보를 팔러 오는 장면도 나온다. 그때 살리에리는 모차르트의 곡을 유심히 바라보며 악상이 떠오르자 악보를 툭 떨어뜨리고 만다. 너무나 아름다운 곡들이기 때문이었다. 살리에리는 '천재를 알아보는 눈'은 가지고 있었지만, 모차르트만한 천재적 재능은 갖지 못했던 사람이었다. 거기에서 살리에리의 불행이 시작되었을 것이다.

    만약 다른 일반 사람들처럼 모차르트를 단지 잘하는 음악가의 하나라고만 생각했다면, 살리에리도 모차르트를 그렇게 열등감을 갖고 바라보지는 않았을 것이다. 살리에리 또한 위대한 음악가였기 때문에, 보는 눈을 갖았던 것이고 그것이 살리에리에게 더욱 열등감을 심어줄 수밖에 없었던 것이다.

모차르트와 살리에리

천재와 둔재의 차이는 '차이'이다. 격차다. 격차도 심각하다. 천재는 세상에 없는 것을 만들어낸다. 있는 것도 없는 것으로 만든다. 둔재는 세상에 있는 것조차도 제대로 이해하지 못하고 따라가기에 급급하다.

격차의 뼈아픔은 같은 시간을 들여도 결과가 현격하게 다르다는 것이다. 천재가 만드는 결과는 비범하고 경이적이다. 뭇사람들에게 부러움을 살뿐더러 부와 명예가 딸린다. 찬사를 받기에 모자람이 없다. 둔재가 만드는 결과는 고루하고 볼품이 없다. 둔재는 늘 허덕이고 고생스럽다. 찬사는 고사하고 무시당하기 일쑤다.

천재와 둔재의 명암은 마치 밤하늘에 떠있는 별과 별을 받쳐주는 어둠처럼 극명하게 갈린다. 천재는 세상의 빛이요, 둔재는 빛을 쫓는 어둠처럼 말이다. 천재가 세상을 이끌어 왔고, 세상을 풍요롭게 만들어 왔다는 사실을 부정할 수는 없다. 천재가 문명을 진화시켰다는 것을 역사가 입증하기 때문이다.

하지만 둔재를 우습게 볼 일은 아니다. 천재의 공(功)을 지지하고 지탱한 것은 절대다수의 둔재이기 때문이다. 천재의 천부적인 재능을 둔재가 거들지 않았다면 천재의 천재성은 휴지조각에 불과했을 것이다. 별은 어둠이 없으면 빛날 수가 없는 것이다. 천재는 천재의 천재성에 응답한 절대다수의 아둔한 둔재를 함부로 할 일은 아닌 것이다.

세상은 극소수의 천재와 절대다수의 둔재가 함께 공존한다. 천재와 둔재의 차이는 그저 '차이'일 뿐이다. 천재의 역할과 둔재의 역할이 다른 것뿐이다. 각자의 역할을 제대로 못하는 것이 문제일 뿐이다. 천재는 천재의 소임이 있고, 둔재는 둔재의 소임이 있을 뿐이다.

"신이시여! 왜 제게 천재를 알아볼 수 있는 능력만 주시고 재능은 주지 않으셨습니까?"

살리에리의 절규. 둔재도 한 번쯤은 가져봤을 울분일 것이다. 하지만 살리에리가 간과한 것이 있다.

"살리에리시여, 우리 둔재는 천재를 알아볼 수 있는 능력도 없나이다. 다만 우리 둔재는 천재가 만들어준 열매를 부지런히 따먹을 것이외다. 물론, 천재에게 고마움을 표하는 것을 잊지는 않을 것이외다."

다만, 둔재는 천재의 열매를 따먹을 수 있는 지혜와 노력이 필요할 뿐이다.

신언서판

신언서판(身言書判)은 『당서(唐書)』의 「선거지(選擧志)」에 나오는 내용으로, 중국 당나라 때 관리를 등용하는 시험에서 인물평가의 기준으로 삼았던 풍모, 말씨, 글씨(글), 판단력 네 가지를 이르는 말이다.

신(身)은 사람의 풍채와 용모를 뜻하는 말이다. 사람을 대했을 때 신분의 고하 또는 재주의 유무와 상관없이 첫눈에 풍채와 용모가 바르지 못하면 정당한 평가를 받기 어렵다. 그래서 풍채와 용모가 훌륭해야 한다고 보았다.

언(言)은 사람의 말솜씨를 이르는 말이다. 사람이 아무리 뜻이 깊고 아는 것이 많아도 이를 전달하는 말에 조리가 없고 분명하지 못하면 좋은 평가를 받기 어렵다. 따라서 조리 있는 좋은 말솜씨가 요구되었다.

서(書)는 글씨와 글을 가리키는 말이다. 예로부터 글씨는 그 사람의 인격을 대변한다고 하여 매우 중요시하였다. 글은 생각과 사상을 표현할 수 있는 문장력을 말한다.

판(判)은 사람의 판단력을 이르는 말이다. 곧 사물과 세상의 이(理)를 폭넓게 이해하여 일을 판단하는 능력이다. 사람이 아무리 인물과 말솜씨가 좋고, 글씨와 글에 능해도 사물과 세상의 이치를 이해하여 일을 판단하는 능력이 없으면, 그 인물됨이 출중할 수 없다 하였다.

身言書判

신언서판(身言書判)은 1,300년이 지난 오늘날에도 인물을 평가하는 표준으로 남아 있다. 인물을 선별하고자 한다면 어떤 기준이 있어야 할 것이고, 기준은 명확해야 공정하고 목적에 성과를 낼 수 있을 것이다.

신언서판은 인물평가의 기준으로, 비중이 크다 할 수 있다. 외모에서 풍기는 인상이나 태도는 사람의 됨됨이를 읽어낼 수 있는 요소가 될 수 있다. 얼굴빛이 좋고 태도가 바른 사람을 마다할 수는 없을 것이다. 한 마디를 하더라도 목소리를 조절하여 필요한 말만 깔끔하게 피력하는 말솜씨도 사람을 평가하는 요소로써 빠트릴 수가 없을 것이다. 공감과 소통은 우선 말로써 이루어지기 때문이다. 매력적인 글씨체로 써진 명료하고 설득력 있는 글을 보고 반하지 않을 사람도 드물 것이다. 글씨체와 글은 사람을 평가하는 요소 중 하나로써 가용할 수 있을 것이다. 상황을 정확히 파악하여, 선을 긋고 앞을 내다보는 예리한 판단을 내리는 판단 능력 또한 사람을 평가하는 중요한 요소 중에 하나가 될 것이다. 우유부단한 사람은 목적에 중대한 해를 끼칠 수 있기 때문이다.

하지만 신언서판을 완전한 인물평가의 기준으로 볼 수는 없을 것 같다. 인물의 내면을 살펴볼 수 있는 양심, 정직성, 성실성, 책임감, 도덕성 등 내적 요소가 결여되어 있기 때문이다. 내면적 요소는 목적의 성패를 본질적으로 좌우할 수 있는 중대한 요소가 되기 때문이다.

신언서판은 밖으로 드러나는 외적 요소에 치중하고 있다. 겉만 뻔지르르한 사람이 훌륭한 사람이 되기는 어렵다. 물론 내면이 외면에 영향을 미칠 수 있으므로 외적인 요소를 무시할 수는 없지만 신언서판이 사람을 평가하는 기준으로써 완전하다고는 할 수 없을 것이다.

신(身)이 만능으로 통하는 요즘 세태가 아쉽다. 내면이 밖으로 드러나 외면을 결정짓는다는 것을 명심했으면 좋겠다.

거창고등학교 직업선택의 십계명

1. 월급이 많은 곳보다 적은 쪽을 택하라.
2. 내가 원하는 곳이 아니라 나를 필요로 하는 곳으로 가라.
3. 승진 조건이 없는 곳으로 가라.
4. 조건이 갖추어진 곳이 아니라 황무지를 택하라.
5. 앞 다투어 모이는 곳으로 가지 말고 아무도 가지 않는 곳으로 가라.
6. 장래성이 전혀 없는 곳으로, 그러나 기쁘게 일할 수 있는 곳으로 가라.
7. 부러움의 대상이 아니라 존경 받을 수 있는 곳으로 가라.
8. 한 가운데가 아니라 변방으로 가라.
9. 주위 사람과 배우자가 반대하면 틀림없다. 그 곳으로 가라.
10. 영광의 자리가 아니라 단두대가 있고 십자가가 있는 곳으로 가라.

앞의 직업선택의 십계명은 대안학교의 표본으로 손꼽히는 거창고등학교 전영창 전 교장선생님께서 제시한 계명이다. 청개구리식 발상의 계명이다. 일반적인 직업선택의 경향을 뒤집는 역발상이다. 일반적인 경향과는 정반대다.

대부분의 사람들은 안정된 직업, 유망한 직업, 돈과 명예를 누릴 수 있는 직업을 선호한다. 하지만 거창고등학교 직업선택의 십계명은 최악의 조건을 가지고 있는 곳을 최적의 직업으로 제시한다. 황무지로, 적지(敵地)로, 사지(死地)로 가라는 것이다. 황당하다. 지나칠 정도로 무모하기까지 하다. 직업을 갖다가 죽어도 좋다는 식이다.

직업의 본질적인 목적은, 자아실현을 뒤로 하고도 근본적으로 생계를 잇는 수단이다. 직업을 갖다가 죽어도 좋다는 식은, 직업이 생명보다 먼저라는 말과 다르지 않다.

숨을 한번 돌려보자. 진정 학생을 선도하는 교장선생님께서 제자들에게 사지(死地)로 내모는 식으로 직업선택의 길을 제시했을까. 전영창 교장선생님의 심중을 헤아려볼 일이다.

이것은 원대한 꿈을 꾸는 사람에게 던지는 메시지일 것이다. 평범한 인생이 아니라 비범한 인생을 설계하고 있는 사람에게 던지는 메시지일 것이다. 개척자의 길을 가라는 것일 것이다. 이미 개척된 분야에서 안주하거나 단맛을 기대하지 말고, 경계를 뛰어 넘어 미 개척된 분야에 과감히 도전하라는 것일 것이다.

개척자의 길은 확률적으로 성공률이 100분의 1도 되지 않는 길이다. 1%의 성공률은, 남이 가지 않는 길이다. 개척자의 길은 성공하게 되면 자기 것 1% 외에 다른 사람 것 99%까지 거머쥘 수 있는 길이기도 하다.

직업은 살아가는 데 반드시 선택해야 할 과제이다. 거창고등학교 직업선택의 십계명, 뭔가 끌린다.

여러분은 지금 하고 싶은 일을 하고 있는가? 그렇지 않다면, 하고 싶은 일을 '거창고등학교 직업선택의 십계명'에 비춰보면 어떨까?

코스모스

남궁준

네가 서는 곳이
길가든 들녘이든,
사람들은 너를 두고 흥정한다
보자기가 없어도 담을 수 있고
말만 잘하면 거저 주는
아니,
잠시 머문 것만으로도
밑지지 않는
장날 같은 꽃이여!
하얀 달빛이 잦아들면
너는,
핑크빛 풍문(風聞)을 남기고,
가객(歌客)처럼 자리를 뜬다

6부

도시락에
담을 것과
휴지통에
버릴 것

'as if'의 법칙

자신이 무엇이 안 되거나 못 되는 것은 그리 걱정할 일이 아닙니다. 어떤 인생에든 'as if'의 법칙은 통하기 때문입니다.

'as if', 이것은 '마치 ~인 것처럼 행동하는 것' 입니다. 이 법칙은 우리 인생의 아름다운 열매를 따게 해주는 마법의 법칙이지요.

마치 두렵지 않은 것처럼 행동하십시오. 그러면 당신은 반드시 용감한 사람이 될 테니까요.

마치 당신이 누군가를 사랑하는 것처럼 행동하십시오. 그러면 당신은 반드시 사랑을 발견하게 될 테니까요.

마치 삶이라는 무대의 주인공처럼 행동하십시오. 그로 인해 당신은 삶이라는 무대에서 더는 엑스트라가 아닌 주인공으로 우뚝 서게 될 테니까요.

– 박성철의 『삶이 나에게 준 선물』 중에서

'마치 ~인 것처럼 ~하다', 'as if'의 법칙은 매력적이다. 구미가 당긴다. 뭔가 될 성 싶다. '마치 행복한 것처럼 행동하다' 하면, 행복하지는 않지만 행복해질 것 같다. 'as if'의 가정은 사실의 반대이지만, 'as if'를 가정함으로써 사실에 가까워질 것 같다는 것이다.

마치 두렵지 않은 것처럼 행동하면, 두려움이 사라질 것 같다는 것이다. 마치 누군가를 사랑하는 것처럼 행동하면, 사랑하게 될 것 같다는 것이다. 마치 주인공인 것처럼 행동하면, 주인공이 될 것 같다는 것이다.

수학적으로 접근하면 제로(0)를 기준으로 마이너스(–)에 있었던 것이 플러스(+)로 옮겨 갈 수도 있다는 것이다. 'as if' 가정을 함으로써 마이너스가 플러스로 바뀔 수도 있다는 것이다. 제로가 바로 'as if'가 되는 것이다. 'as if'가 바로 열쇠가 되는 것이다. 열쇠를 돌리면 문이 열린다. 열쇠를 돌리면 차가 움직인다. 열쇠를 돌리면 비행기가 뜬다.

'as if'의 법칙이 허위나 위선 등의 위험성을 갖고 있지만, 별로 손해 볼 일은 없다. 'as if'를 반복하다 보면, 마법의 문이 열릴지도 모를 일이다.

간절히 바라는 것이 있다면 'as if'의 법칙을 활용해보라. 마법의 열쇠가 여러분의 손에 쥐어 있다.

갈비뼈

철학자 두 사람이 식탁에 마주 앉아 갈비를 뜯고 있었다. 그곳에서는 자기가 발라먹고 난 뼈는 식탁 아래 자기 발밑에 버리는 것이 관습이었다.

아주 맛있게 먹고 있는 상대를 놀려 주려고, 한 철학자는 자기가 버린 뼈들을 슬며시 발로 밀어 상대편이 버린 갈비뼈에 합쳐 놓았다.

이윽고 식사가 끝나자 그는 무척 놀란 표정을 지으며, "참 식성이 좋으시군요. 버린 뼈가 그렇게 많으실 줄이야." 하고 말했다. 그러자 상대편은 매우 겸손하게 대꾸했다.

"원, 별 말씀을. 저야말로 정말 노형의 왕성한 식욕에 놀랐습니다. 뼈까지 다 드실 줄이야."

갈비뼈

상대편을 놀리려던 철학자의 표정이 궁금하다. 멋쩍어할까. 황당해할까. 상대편을 놀리려다 도리어 본인이 당하는 꼴이 되었으니 속이 쓰렸을 것이다.

한편 다른 철학자는 눈치가 빨랐다. 상대편의 저의를 이미 알아차리고 있었다. 한방을 먹이려고 때를 기다렸다. 부드러운 말씨로 뼈있는 한 마디를 날렸다. 상황이 반전되었다.

재치는 어떤 상황에서 사태를 눈치 빠르게, 능숙하게 그리고 슬기롭게 처리하는 솜씨나 말씨를 이른다. 재치는 상황을 자신에게 유리하게 이끄는 자신만의 기술이다. 재치를 발휘하여 위험한 상황을 벗어났다는 일화는 주변에 흔하다.

일상생활에서도 재치는 곳곳에서 요긴하게 쓰인다. 약속시각에 늦었을 때, 실수했을 때, 밤길에 괴한을 만났을 때 등 각종 상황에서 재치를 발휘할 수 있다.

물론 재치는 본질적으로 정직과는 거리가 있다. 속임수나 거짓말과도 닿아있기 때문이다. 재치가 잔꾀나 잔머리로 발전할 수 있는 이유이기도 하다.

하지만 재치가 상황을 호전시키고 생활에 활력을 줄 수 있는 기술이라면, 사람들이 갖출만한 덕목이 될 수 있을 것이다. 옛말에 '여우와 같이 살아도 곰과 같이 못 산다'라는 말이 있다. 여우는 간사하지만 재치가 있어 반쪽을 보고 살 수 있지만, 곰은 둔하고 게으르기까지 하여 곰과는 살 수 없다는 것이다.

재치는 센스나, 세련미로 얼마든지 발전할 수 있다. 재치는 사람을 더욱 풍성하고 매력적으로 만들 수 있는 덕목이 될 수 있다는 것이다. 재치(才致)라는 말은 풀어쓰면, '재주'에 '이르다'는 말이다. 재치의 재(才)는, 초목(草木)의 새싹이 땅에서 돋아나는 모양을 나타낸 글자로 초목(草木)의 싹이 자라나듯 사람의 능력(能力)도 클 수 있다는 데서 비롯되었다고 한다. 재치는 얼마든지 후천적으로 갖출 수 있는 덕목이라는 것이다. 아리스토텔레스도 재치를 '습관들임을 통해 도달할 수 있으며, 즐거운 분위기를 살릴 수 있는 품성'으로 보았다. 재치는 없어도 사는 데 지장이 없는 것이지만, 재치는 있으면 보석처럼 빛날 수 있다.

> 재치는 습관을 들이면 길러질 수 있는 것이다. 어려운 상황이 생기면 늘 재치를 떠올리자.

님과 함께

저 푸른 초원 위에 그림 같은 집을 짓고
사랑하는 우리 님과 한 백년 살고 싶어
봄이면 씨앗 뿌려, 여름이면 꽃이 피네
가을이면 풍년 되어, 겨울이면 행복하네
멋쟁이 높은 빌딩 으스대지만
유행 따라 사는 것도 제멋이지만
반딧불 초가집도 님과 함께면
나는 좋아 나는 좋아 님과 함께 같이 산다면
저 푸른 초원 위에 그림 같은 집을 짓고
사랑하는 우리 님과 한 백년 살고 싶어

- 남진(가수)의 노래

'저 푸른 초원 위에 그림 같은 집을 짓고……' 흥이 절로 난다. 흥얼거려진다. 몸이 덩실덩실 움직인다. 초록 이불 위에 뎅그렁 누워 파란 하늘을 바라보고 싶다. 벌떡 일어나 달려가고도 싶다. 사랑하는 님과 함께라면, 저 초록 지평선 끝까지 달려가고 싶을 것이다.

우리는 '그렇게 살아봤으면 하는' 소망을 그리며 산다. 한평생이 아니더라도 다만 얼마간이라도 그렇게 살아봤으면 하는 소망을 그리며 산다.

봄이면 따스한 햇살 아래 흙을 어루만지면서 씨앗을 뿌리고 싶다. 땅 속에서 움트는 앙증맞은 새싹들에게 입맞춤도 해주고 싶다. '쟤네들도 저렇게 생명을 시작하는구나' 하면서 말이다.

여름이면 냇가에 나가, 꽃그늘 아래서 발을 담그고 꽃잎도 띄워보고 싶다. 저녁 무렵이 되면 들녘에 나가 대견스러운 작물들의 머리를 쓰다듬으며 말도 걸어보고 싶다.

가을이면 들판에 나가 탐스런 열매를 바구니에 담아보고 싶고, 두부김치에 막걸리 한잔 기울이면서 지는 노을도 바라보고 싶다.

겨울이면 손 호호 부르며 눈사람도 만들어 보고 싶고, 언덕 아래로 신나게 미끄럼도 타보고 싶다. 밤이 되면 화롯불에 고구마도 구워먹고 싶고, 밤하늘에서 쏟아져 내리는 별과도 마주하고 싶다.

농촌생활과 도시생활을 차별하자는 것은 아니다. 농촌생활을 미화하는 것도 아니다. 도시생활을 깎아내리는 것도 아니다. 어느 곳에서 살든지 원하는 삶을 살면 그만이다. 다만, 살고 싶은 평생을 그려가며 살고 싶은 것이다. 자신이 살고 싶은 평생을 마음속에 그려가며 살고 싶은 것이다.

'저 푸른 초원 위에 그림 같은 집을 짓고, 계절을 느끼면서 곡식을 손수 일구며, 사랑하는 님과 함께 한 백년 살면 얼마나 좋을까 하는 마음.'

마음대로 안 되는 삶이 어쩌면 삶일지라도, 뜻대로 안 되는 삶이 어쩌면 삶일지라도 '저 푸른 초원 위에 그림 같은 집을 짓고……' 얼마나 흥이 절로 나는가. 흥이 나야 마음대로 안 되는 삶을 견딜 수 있지 않겠는가. 흥이 나야 뜻대로 안 되는 삶을 이겨나갈 수 있지 않겠는가.

살면서 흥을 일으키는 자신만의 어떤 것을 입에 달고 살 일이다. 버튼만 누르면 튀어나올 수 있는 어떤 '흥' 말이다.

'저 푸른 초원 위에 그림 같은 집을 짓고 사랑하는 우리 님과 한평생 살고 싶어……'

여러분에게 절로 흥을 일으키는 '자신만의 어떤 것'은 무엇일까?

유머(humor)
유머의 힘

■ 10년 전 친구 빚보증을 잘못 서서 신용불량자가 되었었다. 심한 스트레스를 이겨내기 위해 밥상머리에서 아내와 유머를 주고받으면서 시시덕거렸다.

"개구리는 양서류, 고래는 포유류, 그러면 오징어는?"
"……."
"안주류."

"새우가 주인공으로 열연했던 드라마는?"
"……."
"대하드라마."

"서울대, 하버드대보다 더 멋진 대는?"
"……."
"들이대."
"더 멋진 대학은?"
"……."
"그대."

■ 전형적인 감성리더였던 레이건 전 미국 대통령은 여유 넘치는 유머로 늘 국민들에게 웃음을 주었다. 1981년 3월 정신이상자인 존 힝클리가 쏜 총에 가슴을 맞고서도 유머를 잊지 않았다. 병원에 실려 가면서도 부인 낸시에게 "여보, 총알을 피하는 걸 깜빡 잊었어."라며 부인과 국민들을 안심시켰다. 당시 레이건은 국민들의 관심을 얻어 83%까지 지지율이 상승했다.

다음 해 32%까지 지지율이 떨어지자 보좌관들이 우왕좌왕했는데, 레이건의 한마디로 보좌관들에게 자신감을 심어줬다.

"걱정하지 말게나. 그까짓 지지율 다시 한 번 총 맞으면 될 것 아닌가?"

유머를 나누다 보니 우리 부부는 어려움을 이겨낼 수 있을 것 같았다. 유치한 유머 속에 성공과 행복의 극치가 숨어있었던 것이다. 웃으면 세상을 이기는 힘을 얻게 된다.

나도 남도 살리는 '유머'

말(言)에도 칼날이 있는 것일까. 말에 베여도 흑흑 대며 쓰러진다. 유머가 그런 것이다. 몇 마디 말끝에 흑흑 대며 쓰러진다. 유머가 칼과 차이점이 있다면, 베여도 아프지 않는다는 것과 베여도 분개하지 않는다는 것이다. 말을 던지는 자와 말을 받는 자가 같아진다. 웃기는 자와 웃는 자가 일치를 이룬다. 아군과 적군이 따로 없이 하나가 된다.

절묘한 타이밍의 예술인 유머는, 상대와 좌중을 순식간에 무장 해제시키는 마력을 발휘한다. 순간 긴장을 풀어주고, 순간 분노를 잠재우고, 순간 고통을 잊게 하고, 순간 분위기를 반전시키고, 순간 죽음까지도 초연하게 만들어 준다. 마치 명작 예술품 앞에서 순간 정신을 놓듯이, 때를 기다렸다가 결정적인 순간에 정곡을 찌르는 유머는 사람을 순간 매료시킬 수 있는 것이다.

이성을 마비시키고 오롯이 순백의 백지장 같은 감성으로 만드는 것이 유머다. 부정을 긍정으로, 유(有)를 무(無)로, 수직을 수평으로, 사(死)를 생(生)으로 가히 패러다임의 새로운 시작을 알리는 위력을 발휘한다.

대체 유머가 무엇이기에 가공할만한 위력을 발휘할 수 있는 것일까. 유머는 우선 저자세를 취한다. 남을 웃기려고 하는 사람은 상대보다 자신을 먼저 낮춘다. 자신을 먼저 낮추지 않고서는 남을 웃기지 못한다. 유머는 상대보다 높아서는 통하지 않기 때문이다. 웃길 수 있을까, 안 웃으면 어쩌지 하는 잠깐의 망설임은 자신을 낮추는 고민일 것이다.

유머는 공격성을 띤다. 마치 나비처럼 날다가 벌처럼 쏜다. 어느 순간에 던질지, 어떤 말을 던질지, 어느 목소리 톤으로 할지, 어떤 표정을 지을지, 상대의 반응은 어떨지 등을 판단하다가 날카로운 혀로 상대의 허를 한방에 찌른다.

유머가 이처럼 저자세와 공격성을 띠어도 유머가 본질적으로 사람을 중심에 둔다는 것만큼 큰 의의는 없을 것이다. 극한 상황에서도 사람을 녹여서 사람을 사람답게 만들어 주는 유머는, 나도 살리고 남도 살리는 마법을 부리는 것이다.

사람들이 유머러스한 사람을 좋아하는 이유는, 유머러스한 사람이 속이 깊고 따뜻한 사람이기 때문이다.

우정(友情)
친구를 위하여

친구를 위하여 삭발한 초등학생들의 우정이 미국 사회에 잔잔한 감동을 안겨주고 있다. 미국 캘리포니아 주의 한 초등학교에서 뇌종양을 앓고 있는 반 친구를 응원하기 위해 남학생들이 동반 삭발을 감행했다고 폭스(FOX) 뉴스가 지난 6월 13일(한국시간) 전했다.

친구를 위해 단체 삭발을 한 초등학교는 캘리포니아 주 칼스배드 시에 있는 명문 공립학교인 '엘카미노 크리크'다. 친구를 위해 삭발한 미국 초등학교 반 친구들의 우정이 미국인들에게 감동을 주고 있다.

이 학교 4학년 학생인 트래비스 셀린카(10살)는 뇌종양에 걸려 최근 7주간 방사선치료를 받았다. 경과가 좋아져 학교를 다시 나가게 됐으나 방사선 치료 후유증으로 인해 머리카락이 다 빠져버렸다. 소년은 "뇌종양 선고를 받았다. 방사선 치료를 위해 휴스턴으로 갔고 거기서 내 머리를 다 잃었다."고 말했다.

어린 마음에 창피한 생각이 들어 학교 가기가 조금 꺼려졌다. 소년의 어머니는 "머리카락이 없어서 학교로 돌아가는 게 조금 긴장이 됐던 모양이다. 친구들이 어떻게 생각할지 두려워했다."고 증언했다.

그러나 소년은 학교를 방문하고 친구들의 우정이 자기 생각보다 훨씬 더 강력했음을 발견하고 감동했다. 바로 15명의 반 친구들이 자신을 위해 이발소를 찾아 동반 삭발을 감행하고 따뜻하게 맞아준 것이다.

뇌종양 소년 어머니는 "15명이나 삭발을 하고 이발소를 나왔다. 매번 그생각을 할 때마다 놀란다. 삭발해준 친구 하나하나를 볼 때면 절로 눈물이 난다."며 감격했다.

친구를 위하여 삭발에 동참한 한 소년은 "정말 많이 힘들었을 거란 사실을 우리 모두가 잘 이해하고 있다. 뭔가 도와주고 싶었다."고 말했고, 주인공 소년은 "모두에게 감사한다. 그들의 단체 삭발이 나를 훨씬 편하게 만들어줬다."며 화답했다.

    – 이데일리 뉴스에서(2013. 6. 20.)

뇌종양에 걸린 셀린카를 위해 단체 삭발한 셀린카의 친구들

    꼬마 아이들이 일을 냈다. 참으로 기특하다. 서양에서는 낯선, 동자승을 보는 듯하다. 성철 스님께서 "공부 가운데 가장 큰 공부는 남의 허물을 뒤집어쓰는 것이다."라고 말씀하셨는데, 요 꼬마들은 이미 공부를 마친 아이들 같다. 친구의 허물을 감춰주기 위해 삭발을 결행하다니!

    성서에도 '천국은 어린아이와 같지 않으면 결단코 들어갈 수 없다(마 18:3)'는 하나님 말씀이 있다. 동심으로 치부하기에는 꼬마 아이들의 순수한 마음과 용기가 참으로 대견스럽다. 참으로 신통하다.

우정을 넘어선 인간의 참모습이다. 트래비스 셀린카의 완쾌를 빈다.

루소와 밀레의 우정

화가 밀레는 젊은 시절 몹시 가난해 싸구려 누드 그림을 그려 겨우 생계를 이어 가고 있었다. 밀레는 그렇게 돈을 버는 자신이 수치스러웠다. 그러던 어느 날 밀레는 마음을 고쳐먹었다. 자신이 정말 그리고 싶었던 농촌 풍경을 그리기 시작한 것이다.

밀레는 굶주림을 참아가며 그림을 그렸다. 그 무렵 밀레의 가장 가까운 친구는 『에밀』을 쓴 철학자 루소였다. 루소는 친구를 도와줄 수가 없었다. 밀레의 자존심을 누구보다 잘 알고 있었기 때문이었다.

하루는 루소가 환한 미소를 지으며 밀레의 작업실을 찾았다.

"기뻐하게! 드디어 자네 그림을 사겠다는 사람을 찾았네. 그림 값으로 300프랑을 낸다기에 돈까지 받아왔네. 그림은 내 마음대로 골라서 가져오라고 했네."

루소는 밀레의 그림 중 '접목하는 농부'를 골랐다. 밀레는 300프랑이라는 거금으로 생활고를 해결하고, 본격적으로 그림에 몰두했다.

그로부터 몇 년 후, 밀레는 유명 화가가 되어 경제적인 어려움도 자연스럽게 해결되었다. 어느 날 밀레가 루소의 집에 찾아갔다. 그런데 이게 웬일인가. 루소의 집필실에 '접목하는 농부'가 걸려 있는 게 아닌가. 그제야 밀레는 친구의 우정에 가슴이 먹먹해졌다.

– 이상각의 『인간관계를 열어주는 108가지 따뜻한 이야기』 중에서

접목하는 농부(장 프랑수아 밀레, 1855)

친구는 분명 혈육은 아니다. 친구는 혈육처럼 필연적 존재가 아니다. 친구는 우연적 존재일 뿐이다. 하지만 혈육보다 더 혈육 같은 존재가 친구가 될 수 있다. 최소한 혈육에 버금가는 존재가 친구일 수 있다. 우정이 혈육의 정과 비견될 수 있는 이유이기도 하다.

어떻게 친구가 되는지는 우연만큼 다양하다. 공통적인 요소가 있다면 만남의 어떤 계기가 있고, 일정한 시간이 흘러야 하고, 만나는 시간 속에서 서로의 생각과 행동을 공유해야 한다. 세 가지 요소를 갖추었을 때 비로소 친구가 될 수 있다. 친구가 되었을 때 감흥(感興)은 막역한 사이, 각별한 사이, 절실한 사이 등으로 규정될 수 있을 것이다.

사이의 밀도로 보면 친구는 양보다는 질이다. 친구가 많고 적음은 별 의미가 없다. 친구는 친밀의 정도, 친밀의 순도에 의해 결정되기 때문이다. 친구가 많아서 나쁠 것은 없지만, 친구가 꼭 있어야 하는 당위도 없다. 친구는 있으면 있는 것이고, 없으면 없는 것이다. 제대로 된 친구 한둘로도 충분할 수 있는 것이 친구이다. 친구가 없다고 애달아할 필요는 없다는 것이다.

밀레에게 루소는 어느 정도의 가치를 지니고 있을까. 밀레는 루소가 없었다면 농촌 풍경을 그릴 수 없었을지도 모른다. 밀레가 당대는 물론 지금에 이르기까지 최고의 화가가 되지 못할 수도 있었다는 것이다.

루소에게 밀레는 어느 정도의 가치를 지니고 있을까. 루소는 '자연으로 돌아가라'라고 역설한 당대의 사상가이자 교육자였다. 자연풍경과 농촌생활을 그린 밀레와의 정서적 교분을 미루어 짐작할 수 있을 것이다.

친구를 곤경에서 구한 루소와 그 은혜를 명화로 화답한 밀레. 친구의 가치는 서로 생애를 공유할 수 있는, 서로의 생애를 증명할 수 있는, 가늠하기조차 어려운 가치를 가질 수 있다는 것이다.

> 생애를 공유할 수 있는 친구가 있다면, 그 친구는 또 다른 '나'와 다를 바가 없을 것이다.

거짓말,
너는 호주머니 속의 구슬 같구나
만지작만지작 거리면서도
끝내 꺼내서
구슬려야 대접 받는 너.
오늘은 몇 알이나 구슬려야 무사히 넘길는지
요 때는 빨강 구슬,
요 때는 하양 구슬,
요 때는 검정 구슬.
색깔도 요긴한 너
너 없이는 하루도 살 수 없을까
다 쓰고 나면 또 다시 빼곡히 차는 너
손에 든 너는,
시도 때도 없이 놓아달라고 아양을 떠는구나

– 필자의 시 「거짓말」

　거짓말은 달콤하다. 맛을 들이게 되면 더더욱 달콤한 것이 거짓말이다. 한두 번 거짓말을 하게 되면 누구나 쉽게 거짓말의 유혹에 빠져드는 이유이다. 거짓말은 혀를 잠깐 놀리는 것이어서, 아주 간편하게 유혹에 걸려들 수도 있다. 거짓말은 또한 마약처럼 중독성이 강해서 쉽게 멈춰지지도 않는다. 거짓말을 하면 할수록 거짓말의 강도가 점점 세어지게 되고, 극에 달하면 거짓말에 가책을 느끼지 못할 정도로 무감각해진다. 달콤한 거짓말에 무서운 독이 숨어 있다는 것이다.

　거짓말을 색깔의 짙고 엷은 농도로 나누자면 하얀 거짓말과 검은 거짓말로 나눌 수 있다. 하얀 거짓말은 선의의 거짓말에 가깝다. 상대를 편안하게 만드는 거짓말이다. 검은 거짓말은 다소 악의적인 거짓말에 가깝다. 상대를 불편하게 만드는 거짓말이다. 예를 들어 고가의 새 옷을 처음으로 입고 있는 친구가 "새 옷이 어떠냐?"고 물었을 때 친구를 생각해서 잘 어울리지 않는데도 잘 어울린다고 거짓으로 말한다면 하얀 거짓말이 될 것이다. 새 옷이 잘 어울리는데도 시샘이 나서 잘 안 어울린다고 말한다면 검은 거짓말이 될 것이다. 하얀 거짓말과 검은 거짓말은 감정의 농도에 따라 구분하는 거짓말이므로 죄의식과는 다소 거리가 있다.

　거짓말을 행위로 나누자면 사실관계이기 때문에 거짓말이 매우 무겁다. 어떤 행위를 했는지 안 했는지의 사실을 가리는 것이어서 책임소재도 분명하다. 행위의 거짓말이 거짓으로 드러나면 대가가 뒤따르기 때문에 곤란한 처지에 내몰릴 수도 있다. 죄질에 따라서는 처벌도 받을 수 있어서 행위의 거짓말은 무서운 결과를 초래할 수도 있다.

우리는 일상생활을 하면서 어쩔 수 없이 거짓말을 해야 하는 경우가 적지 않다. 물론 상황에 따라서는 불가피하게 거짓말을 할 수도 있을 것이다. 거짓말을 적정한 선까지는 허용할 수 있다는 것이다.

하지만 적정한 선을 자주 넘다 보면 선이 더욱 커지게 되고 그러다 보면 적정한 선 자체가 무너질 수도 있을 것이다. 즉 잦은 거짓말이 습관화되다 보면 상습적으로 거짓말을 하게 되고 결국에는 파멸에도 이를 수 있다는 것이다. 거짓말을 늘 경계해야 하는 이유가 거짓말에 있다는 것이다. 호주머니에 있는 거짓말 구슬을 쉽게 꺼낼 일만은 아니라는 것이다.

불가피하게 거짓말을 해야 한다면, 거짓말대신 미소를 던지면 어떨까?

우음(偶吟)

– 우연히 읊음

人之愛正士(인지애정사) 세상 사람들이 바른 선비를 사랑하는 것이
好虎皮相似(호호피상사) 마치 호랑이 가죽을 좋아하는 것 같구나
生前欲殺之(생전욕살지) 살아있을 땐 죽이지 못해 애태우다가
死後方稱美(사후방칭미) 막상 죽여 놓고는 그를 아름답다 탄식한다

– 조식(曺植, 1501~1572: 조선 중기 학자. 철저한 절제로 일관하여 불의와 타협하지 않았으며, 당시의 사회현실과 정치적 모순에 대해서는 적극적인 비판의 자세를 견지하였다. 단계적이고 실천적인 학문방법을 주장하였으며 제자들에게도 그대로 이어져 경상우도의 특징적인 학풍을 이루었다.)

시기(猜忌)는 증오(憎惡)보다 더 저급하
다. 증오는 대놓고 미워하지만, 시기는
저의를 감추고 야금야금 미워하기 때문
이다. 시기는 표리부동(表裏不同)하여 교
묘하고 간사하기까지 하다. 증오는 미워
하는 이유가 수긍할만한 것이 대부분이
지만, 시기는 자기보다 뛰어난 사람이나
자기보다 뛰어난 능력을 미워하는 것이
어서, 참으로 어처구니가 없는 것이 시기이다.

참으로 못난 것이 시기이다. 못난 사람이 시기를 한다. 뭇사람들이 자기
보다 나은 사람을 보거나 남이 잘되는 것을 보고 부러워하는 것까지는 인
지상정일 것이다. 하지만 시기까지 하는 것은 감정이 과한 것이다.

문제는 시기하는 사람들이 여럿이 모이면 '시기'가 공격성을 띤다는 것
이다. 못난 열 명이 잘난 한 명을 바보로 만들기는 그리 어렵지 않기 때문
이다. 『자유론』을 저술한 제임스 밀은 '모든 격정 중에서 가장 추악하고 반
사회적인 것이 시기이다' 라고 언급한 바 있다.

시기하는 사람들은 살아있는 호랑이를 좋아하지 않는다. 겉으로는 무서
워하고 존경하는 척하지만 속으로는 미워한다. 아니 속으로 이를 간다.

통상 올곧고 뛰어난 사람은 누구에게나 사랑받고 존경받을 것으로 여겨지
지만 실상은 그렇지가 않다. 외려 살아있을 때 시기하는 사람들에 의해 휘둘
리고 깎아내려 지고 꺾여져서 버려지기 일쑤다. 죽어서야 '훌륭한 인물인데
죽었구나.' 하고 탄식하며 아까워한다. 하지만 시기하는 사람들이 그의 인
품이 아까워서 탄식했을까. 남은 호피가 탐이 나서 탄식했을 것이다.

호랑이같이 인품이 출중한 인물이 시기의 제물이 되어서야 되겠는가. 시
기는 낄 자리를 분명히 가려야 한다.

시기는 내 것이 아닌 남의 것에 대해 괴로워하는 감정이기에 부끄러운 감
정이다. 질투까지는 애교지만, 시기는 자기 자신에 대한 모독이다.

극단(極端)
못을 뽑으며

이사를 와서 보니
내가 사용할 방에는
스무여 개의 못들이 필요 이상으로 박혀 있다.
우리에게 익숙한 것은
어디에라도 못을 박는 일
내가 너에게 못을 박듯이
너도 나에게 못을 박는 일
벽마다 가득 박혀 있는 못들을 뽑아낸다.
창밖으로 벽돌 지고 가는 사람들도 보인다.
선명하게 드러나는 못자국
그 깊이에 잠시 잠긴다.
뽑음과 박음, 못을 뽑는 사람과
못을 박는 사람 사이의 거리가
좁혀지지 않는다.
못을 뽑고 벽에 기대어 쉬는데
벽 뒤편에서 누가 못질을 한다.

- 주창윤의 시 「못을 뽑으며」

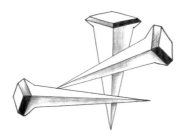

　못질은 잔인하다. 못은 끝이 예리하다. 모든 것에 못을 박을 수 있다. 어디서나 못을 박을 수 있다. 얇게도 깊게도 박을 수 있다. 못이 휘어지면 펴서 박을 수 있다. 못은 박는 만큼 안으로 박힌다. 망치의 세기만큼 안으로 박힌다. 못질을 잘못하면 손가락을 망치로 치는 수도 있다. 못을 뽑기는 못을 박는 것보다 쉽다. 장도리로 못의 머리를 당겨 뽑으면 간단히 뽑힌다.

　사람들의 언행(言行)을 못에 비유하여 표현하기도 한다. '가슴에 못을 박는다'는 표현이 대표적이다. 가슴에 못을 박을 정도의 말과 행동은 못만큼이나 예리하다. 누구나에게 못을 박을 수 있다. 어디서나 못을 박을 수 있다. 조절하면 얇게도 깊게도 박을 수 있다. 언행의 세기만큼 못이 가슴에 박힌다. 잘못된 언행으로 남의 가슴에 대못을 박는 일도 일어난다. 남의 가슴에 못을 박다가 자신의 인생을 망치는 경우도 있다.

　못을 뽑기는, 사물에 박힌 못과 다르게 사람의 가슴에 박힌 못은 뽑기가 어렵다. 무릎 꿇고 싹싹 빌어도 가슴에 박힌 못은 뽑히지 않는다. 죗값을 치러도 가슴에 박힌 못은 뽑히지 않는다. 사람에게 한 번 박힌 못은 뽑히더라도 지워지지 않는다. 남의 가슴에 못질하는 사람도 잔인하지만, 못질을 당한 사람도 잔인하다.

　대못을 박는 극단적인 언행은 절대 해서는 안 된다. 순간의 언행이 평생을 망치는 수가 있다.

상처

남궁준

그 날의 상처가
내 가슴에
약속처럼 남아
그 약속이
오늘도 나를 지킨다

교단에서

남궁준

희망을 접은 아이들 밭에 씨앗 하나 뿌리고
잡초 한 포기 뽑아내는 일이 어찌 그리 어렵던지

아이 하나씩 깊이 사랑하는 일은 고사하고
여러 아이들을 두루 사랑하는 일조차 버거웠습니다

오는 길엔 고개 세운 아이보다 고개 숙인 아이의 얼굴을 먼저 떠올렸습니다
가는 길엔 마주한 아이보다 어딘가 숨어있을 아이의 얼굴을 먼저 떠올렸습니다

종일 어디 시선 둘 곳 없어 침묵으로 몸짓하는 아이들의 가슴에
거름을 얹고 썩어가는 흙이 되고 싶었습니다

날려 보내기 위해 새를 키웁니다

그 많은 시간 동안 진리를 찾다가 가는 길이었을까요
그 많은 시간 동안 참사람이 되기 위해 고뇌하다 가는 길이었을까요

우리가 본 것은 그저 잠깐의 새벽 어스름과 밤하늘의 별뿐이었습니다

넓은 세상에 눈 돌릴 틈조차 넉넉히 주지 못하고
하지 말아야 할 것, 넘어야 할 것, 지고 가야 할 것들로
아이들의 어깨를 짓눌렀습니다

눈 가리고 귀 막고 거짓으로 아이들 앞에 선다면
그 갚음 또한 마땅히 되돌아오리라 조금씩 예감해 갔습니다

지금도 보이지 않는 그 답이 막막한 슬픔으로 남아있지만,
아직도 아이들에게 설레는 것은 고뇌하던 그때의 아련한 그리움 때문입니다

그대 있음에

박경균(시인, 전 군산중앙여자고등학교 국어교사)

고단한 방황 끝에 만난 사람
하얀 사리되어 내 마음 속
견고하게 자리한 사람

그 큰 키만큼이나 길고 깊은
정(情)의 강(江)을 가슴에 담고도
늘 순정에 목말라 하는 사람
그 사람이 지금 내 곁에
장승처럼 서 있다

밀대 갓을 써도
벙거지를 써도
작업복을 입어도
정장을 걸쳐도
주변과 잘 어울리는 사람
그 사람은 지금
자줏빛 오기로
나를 안고 산다

무장된 지성
예리한 통찰력
과감한 결단력이
날카로운 비수의 서슬 되어
마음속에 지천으로 깔려있는 사람
그래서 늘 손해 보는 사람
지금 그 사람이 내 곁에서
아직은 무딘 칼을 휘둘러대고 있다

가마솥의 물처럼
어설픈 말장난으로
진국을 말하지 않는
그러나 세상을 마실 수 있는 사람
그런 사람이 내 눈 속에 있다

내 오만한 삶의 방식이
얼마나 그 사람을 아프게 했을까

가슴이 저미어 온다

이런 푸석푸석한 연민에
겸연쩍게 머리를 쓸어 올릴 그 사람
그 사람이 곁에 있지만 그립다